Berufsbildung und Arbeitswelt

Sozial- und Individualversicherungen

Grundlagen des Vertragsrechts

Verbraucherbewusstes Verhalten

Umgang mit Geld

Grundlagen des Arbeitsrechts

Entlohnung der Arbeit

Soziale Marktwirtschaft

Simulation einer Unternehmensgründung

1. Die Berufsausbildung erfolgt größtenteils durch die Zusammenarbeit von ____________________ und ____________________. Da zwei Partner an der Ausbildung beteiligt sind, spricht man vom **dualen System.**

Berufsausbildung im dualen System

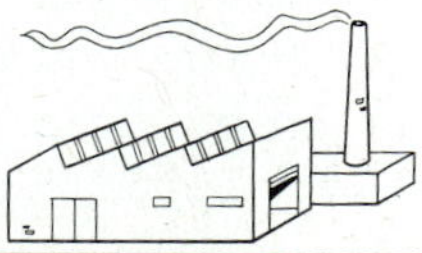

____

Er vermittelt

____

____

Am Ende der Ausbildung steht die

____

Bei Erfolg erhält der Auszubildende den

____

____

Sie vermittelt

____

____

____

Am Ende der Ausbildung steht die

____

Bei Erfolg erhält der Auszubildende das

____

2. Ergänzen Sie den Lückentext über das **duale System** durch folgende Begriffe:
Geld, abwechslungsreicher, teurer, Qualität, Abstimmung, Bedarf, Wirtschaftslage, praxisbezogen

Beim dualen System erfolgt die Berufsausbildung durch zwei Partner, nämlich die Schule und den Ausbildungsbetrieb. Dadurch, dass die praktische Ausbildung vorwiegend im Betrieb, also in der Arbeitswelt, stattfindet, erfolgt sie ____________________. Außerdem sparen Staat und Steuerzahler ____________________, da eine rein schulische Ausbildung erheblich ____________________ wäre. Durch den Wechsel der Lernorte wird die Ausbildung ____________________ und nicht so eintönig. Allerdings entspricht die Nachfrage nach Ausbildungsplätzen nicht immer dem ____________________, sondern hängt sehr von der jeweiligen ____________________ ab. Auch haben nicht alle Ausbildungsplätze die gleiche ____________________. Des Weiteren bereitet die ____________________ der Ausbildungsinhalte zwischen den Betrieben und der Schule sehr oft Probleme.

3. Berufliche Qualifikationen können auch in **beruflichen Vollzeitschulen** erworben werden. Ergänzen Sie die Übersicht.

Vollschulische Ausbildung

Berufsvorbereitung	**berufliche Grundbildung**	**vollständige Berufsausbildung**
z. B. ____________________	z. B. ____________________	z. B. ____________________
____________________	____________________	____________________
____________________	____________________	____________________
____________________	____________________	____________________
____________________	____________________	____________________

Lehrvertrag von 1864

Eduard Groos in Grünberg einerseits und Philipp Walther in Biedenkopf andererseits haben folgende Übereinkunft getroffen:

1. *Groos nimmt den Sohn des Philipp Walther mit Namen Georg auf vier Jahre, und zwar von 15. Oktober 1864 bis dahin 1868 als Lehrling in sein Geschäft auf.*
2. *Groos macht sich verbindlich, seinen Lehrling in Allem dem, was in seinem Geschäft vorkommt, gewissenhaft zu unterrichten, ein wachsames Auge auf sein sittliches Betragen zu haben und ihm Kost und Logis in seinem Hause zu geben.*
3. *Groos gibt seinem Lehrling alle 14 Tage des Sonntags von 12 bis 5 Uhr frei, dabei ist gestattet, daß er auch an dem Sonntage, wo er Ausgangstag nicht hat, einmal den Gottesdienst besuchen kann.*
4. *Groos verzichtet auf ein Lehrgeld, hat aber die Lehrzeit auf vier Jahre ausgedehnt.*
5. *Philipp Walther hat während der Lehrzeit seines Sohnes denselben in anständiger Kleidung zu erhalten und für dessen Wäsche besorgt zu sein.*
6. *Philipp Walther hat für die Treue seines Sohnes einzustehen und alle Schäden, die derselbe durch bösen Willen, Unachtsamkeit und Nachlässigkeit seinem Lehrherrn verursachen sollte, ohne Einrede zu ersetzen.*
7. *Der junge Walther darf während der Dauer seiner Lehrzeit kein eigenes Geld führen, sondern die Ausgaben, welche nicht von seinem Vater direkt bestritten werden, gehen durch die Hände des Lehrherrn, und der Lehrling hat solche zu verzeichnen.*
8. *Hat der junge Walther seine Kleidungsstücke und sonstige Effekten auf seinem Zimmer zu verschließen, aber so, dass sein Lehrherr davon Kenntnis hat und dieser von Zeit zu Zeit nachsehen kann, so oft es diesem gewahrt ist, um ihn gehörig zu überwachen.*
9. *Darf der Lehrling während seiner Lehrzeit kein Wirtshaus oder Tanzbelustigung besuchen, er müßte denn ausdrücklich die Erlaubnis von seinem Vater oder Lehrherrn erhalten haben, und dann besonders darf er nicht rauchen im Geschäft oder außer demselben, es bleibt ganz untersagt.*
10. *Wenn der junge Walther das Geschäft des Groos verläßt, so darf dieser in kein Geschäft in Grünberg eintreten, ohne dass Groos seine Erlaubnis dazu gibt.*

Zur Sicherstellung, daß beide Teile diese Übereinkunft treulich halten und erfüllen wollen, ist dieser Kontrakt doppelt ausgefertigt, jedem ein Exemplar eingehändigt und unterschrieben worden.

Grünberg, am 28. September 1864

1. Seit der Lehrzeit des „jungen Walther" hat sich die Berufsausbildung enorm verändert. Kein Ausbilder würde einen derartigen Vertrag bei der zuständigen Kammer einreichen, denn nach dem Berufsbildungsgesetz muss ein korrekter Lehrvertrag verschiedene **Mindestangaben** enthalten (siehe auch Vertragsvordruck im Klettbuch, S. 16). Nennen Sie mindestens fünf solcher Angaben.

____

____

____

____

____

____

2. Nennen Sie die Beteiligten beim **Abschluss** des Berufsausbildungsvertrages.

[__________] → **Berufsausbildungsvertrag** ← [__________]

(bei Minderjährigen zusätzlich der gesetzliche Vertreter)

↓

Vorgeschriebene Form: ______________________

3. Ergänzen Sie das Schaubild.

Berufsausbildungsvertrag

Pflichten des Auszubildenden

____

____

____

____

____

____

____

____

Pflichten des Ausbildenden

____

____

____

____

____

____

____

____

4. Vervollständigen Sie das Schaubild über die Kündigung des Berufsausbildungsverhältnisses.

Kündigung des Berufsausbildungsvertrages

während der Probezeit

____

____

____

nach der Probezeit

aus wichtigem Grund

z. B. ____________________

____

Termin: ____________

bei ____________________

____

Termin: ____________

5. Beenden Sie folgende Aussagen über die Dauer und den Zweck der **Probezeit:**

Die Probezeit dauert ________________________________

Während der Probezeit kann der Ausbildende feststellen, ob der ________________________________

Während der Probezeit kann der Auszubildende feststellen, ob er ________________________________

____

6. Grundlage der Berufsausbildung sind die **Ausbildungsordnungen,** die vom zuständigen Bundesministerium für jeden Ausbildungsberuf erlassen werden. Ergänzen Sie die Übersicht über den Inhalt einer Ausbildungsordnung.

Ausbildungsordnungen

Bezeichnung des ____________	____________	____________ (Kenntnisse und Fertigkeiten)	____________ (sachliche und zeitliche Gliederung)	____________

Überwachung erfolgt durch die ____________ z. B. ____________

7. Klara Korte ist Auszubildende bei der Metzgerei Ede Wolf. Im Laufe ihrer Ausbildung kommt es zu den nachfolgenden Vorfällen. Beurteilen Sie als „Ausbildungsspezialist" die Vorgänge in der Firma Wolf. Unterstreichen Sie sämtliche Vorfälle, die rechtlich nicht in Ordnung sind, und tragen Sie ein, gegen welche Pflichten jeweils verstoßen wurde.

Vorfälle	Pflichten
Als Klara Korte ihr Ausbildungsverhältnis beginnt, sagt ihr Chef, Herr Wolf, dass der Besuch der Berufsschule für Klara absolut unnötig sei. Er meint, dass sie alles, was sie für ihren Beruf brauche, bei ihm in seiner Metzgerei lernen könne. Außerdem ist Herr Wolf nicht bereit den Ausbildungsvertrag sofort bei Ausbildungsbeginn auszufüllen und zu unterschreiben. Er sagt, dies könne er erst nach der 6-monatigen Probezeit. Einige Wochen später zeigt Klara ihrem Chef die Ausbildungsordnung für Fachverkäufer/innen im Lebensmittelhandwerk, die sie sich bei der Handwerkskammer besorgt hat. Hierzu meint Herr Wolf, das ginge ihn nichts an. Er bilde schließlich schon viele Jahre Lehrlinge nach seinen eigenen Vorstellungen aus und habe damit immer nur gute Erfahrungen gemacht. Als Klara sich bei Herrn Wolf erkundigt, wie sie ihren schriftlichen Ausbildungsnachweis führen müsse, sagt dieser nur: „Das ist absoluter Quatsch und vollkommen unnötig." Nachdem sich Klara zum dritten Mal an der Aufschnittmaschine verletzt hat, bittet sie Herrn Wolf doch endlich einen Resteschneider anzuschaffen. Der meint: „Mit etwas mehr Konzentration wäre das nicht passiert und außerdem ist Pflaster erheblich billiger." Weil Herr Wolf von Klara verlangt, dass sie vormittags immer seiner Frau im Haushalt hilft, platzt ihr der Kragen und sie beschließt ihrem Chef „eins auszuwischen". Sie folgt seinen dienstlichen Anweisungen nicht mehr oder führt die ihr aufgetragenen Arbeiten nur noch mangelhaft und unvollständig aus. Als ihr Chef an einem Nachmittag nicht im Geschäft ist, versalzt sie aus Unlust und Unachtsamkeit verschiedene Salate. Ihrem Freund Alfred, der bei der Metzgerei Kutter eine Fleischerlehre begonnen hat, erzählt sie, dass ihr Chef zur Zeit einen Umsatz von 50 000 € pro Monat hat und dass Frau Duck ihrem Chef 500 € schuldet. Einer guten Bekannten gibt sie folgenden wohlmeinenden Rat: „Wenn Ihnen Ihre Gesundheit etwas wert ist, dann kaufen Sie niemals Leberwurst bei Metzgerei Wolf." Herr Wolf erfährt von diesen Vorgängen und kürzt deshalb Klaras Ausbildungsvergütung um 100 € monatlich. Inzwischen hat Klara bereits ein Jahr ihrer Lehrzeit absolviert. Sie glaubt, ihr könne nun nichts mehr passieren, da sie bereits die Probezeit überstanden hätte. Deshalb bleibt sie eine Woche unentschuldigt dem Betrieb fern. Herr Wolf kündigt darauf hin fristlos.	

1. Die Berufswelt unterliegt einem ständigen Wandel. Welche Folgen hat das für Ihr zukünftiges Berufsleben (siehe auch Schaubild im Klettbuch S. 22)?

2. Nennen Sie a) Gründe und Möglichkeiten für die berufliche Fortbildung und b) Gründe für eine berufliche Umschulung.

Berufliche Fortbildung

Gründe	Möglichkeiten

Gründe für eine berufliche Umschulung

→

→

→

→

3. Ergänzen Sie die Zusammenfassung über die berufliche Fort- und Weiterbildung. Verwenden Sie folgende Begriffe: *Bundesausbildungsförderungsgesetz, fortbildet, schulische, Ausbildung, Fortbildungsmaßnahmen, Umschulungsmaßnahmen, Kammern, Fachverbände, Volkshochschulen, Fachschulen, Sozialgesetzbuch, Meisterschulen, Betriebe, Gewerkschaften, Staat, berufliche Weiterbildung, Umschulung*

Die Arbeitswelt ist geprägt von einem schnell fortschreitenden technischen Wandel. Man nimmt an, dass sich derzeit alle 5 Jahre das verfügbare Wissen verdoppelt. Dies bedingt eine ständige ______________________ .
Jeder, der sich nicht ______________, besitzt ein veraltetes Wissen. ______________________
____
bieten zahlreiche Weiterbildungsmöglichkeiten. Häufig sind Arbeitnehmer gezwungen, eine ______________
auf einen anderen Beruf zu beginnen. Fortbildungs- und Umschulungsmaßnahmen können durch den ______________
gefördert werden. Dies erfolgt in der Regel durch **BAföG** (= ______________________)
oder durch das **SGB** (= ______________________).
Das **SGB** fördert die berufliche ______________ sowie gerechtfertigte ______________
und ______________________ .
Durch **BAföG** werden ______________ Bildungsmaßnahmen gefördert wie z. B. der Besuch von Berufsfachschulen, Berufskollegs, Hochschulen usw.

1. Überprüfen Sie die abgebildete Grafik über die **Leistungsfähigkeit** und tragen Sie gegebenenfalls den richtigen Kurvenverlauf ein.

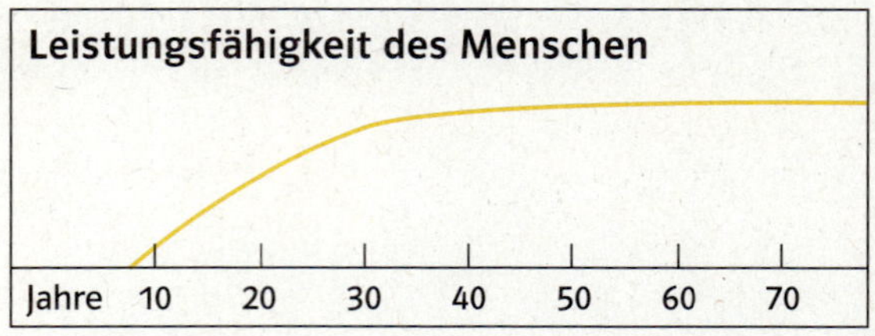

2. Neben dem Alter hängt die **Leistungsfähigkeit** von weiteren Faktoren ab. Nennen Sie drei Beispiele.

______________________ ______________________ ______________________

3. Überprüfen Sie die folgende Aussage sowie die dazugehörende Grafik über die **Leistungsschwankungen** von Arbeitnehmern.

„Aufgrund der Erholung während des Wochenendes erbringt der Arbeitnehmer am Wochenanfang seine höchste Arbeitsleistung. Die Leistungsfähigkeit lässt im Laufe der Woche infolge der Arbeitsanstrengung nach, bis sie am Wochenende ihren Tiefpunkt erreicht. Deshalb freut sich beispielsweise jeder Autokäufer, wenn ihm ein so genanntes Montagsauto geliefert wird."

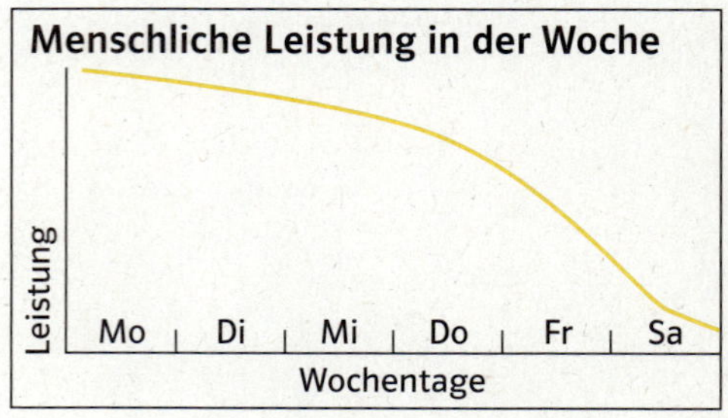

Stellungnahme: ____

____

____

____

4. Wodurch kann die **Leistungsbereitschaft** der Arbeitnehmer erhöht werden?

____

____

____

____

____

____

5. a) Hohe Arbeitsteilung und starke Spezialisierung führen zu größerer Arbeitsleistung. Von erheblichem Einfluss ist hierbei die **Arbeitsorganisation.** Wie die nebenstehende Karikatur überspitzt darstellt, sollten stressauslösende Faktoren, so genannte Stressoren, vermieden werden. Nennen Sie 8 Beispiele für so genannte Stressoren.

____

____

____

____

____

____

5. b) Übermäßiger Stress schadet der Gesundheit. Unter dem Begriff „Humanisierung der Arbeitswelt" versucht man deshalb in vielen Betrieben Stress zu vermindern und die Arbeitsleistung zu steigern. Setzen Sie folgende Begriffe ein: *Gruppenarbeit, Aufgabenwechsel, Aufgabenerweiterung, eintönigen, teilautonomer, Aufgabenbereicherung*

- Häufiger ______________________ (job rotation) bei ______________________ Arbeiten
- Eintönige Fließbandarbeit wird durch ______________________ ersetzt.
- ______________________ (job enrichment): Der Entscheidungsspielraum des einzelnen Arbeitnehmers wird erweitert.
- ______________________ (job enlargement): Mehrere Arbeitselemente werden zu einer größeren Aufgabe zusammengefasst
- Bildung ______________________ Arbeitsgruppen: In Teamarbeit arbeitende Gruppen, die in eigener Verantwortung ihre Arbeitspläne ausgestalten.

6. Bei der Betriebskontrolle durch die Berufsgenossenschaft wurde der abgebildete Arbeitsplatz beanstandet. Geben Sie an, woran man einen schlecht gestalteten Arbeitsplatz erkennt.

Ein schlecht gestalteter **Arbeitsplatz** hat z. B.

____

____

____

____

____

7. Wie die Abbildung zeigt, herrscht in diesem Betrieb kein besonders gutes Betriebsklima; im Gegenteil: Hier scheint sogar Mobbing vorzuliegen. Wodurch kann in einem Betrieb ein gutes Betriebsklima gefördert werden?

Ein gutes **Betriebsklima** wird gefördert durch

____

____

____

____

____

8. Vervollständigen Sie die Zusammenfassung über die **Einflüsse auf die menschliche Arbeitsleistung.**

______	______	______	______	______	______
______	______	______	______	______	______
______	______	______	______	______	______

→ beeinflussen die ______________________

Betriebliche Arbeitsteilung

1. Die Wohnland AG produziert mit großem Erfolg den ausklappbaren Esstisch Exquisit 2000. Mit seiner Herstellung sind 3 Arbeiter (A, B und C) beschäftigt. Bei einer täglichen Arbeitszeit von 8 Stunden stellen sie in drei verschiedenen Arbeitsgängen jeweils einen Esstisch her.
Für die Maschinenarbeit (zuschneiden und hobeln), die Montagearbeit (montieren, verleimen und verschrauben) und die Lackierarbeit benötigen A, B und C folgende Zeiten:

Arbeit	Arbeiter			Gesamtzeit
	A	B	C	
Maschinenarbeit	2 Std.	3 Std.	3 Std.	8 Std.
Montagearbeit	4 Std.	3 Std.	2 Std.	9 Std.
Lackierarbeit	2 Std.	2 Std.	3 Std.	7 Std.
	8 Std.	8 Std.	8 Std.	24 Std.

Überlegen Sie, ob die Wohnland AG die Esstische nicht sinnvoller produzieren könnte.

Änderungsvorschlag:

____ übernimmt nur ______________________ = ______
____ übernimmt nur ______________________ = ______
____ übernimmt nur ______________________ = ______

insgesamt ____ Std. Arbeitszeit je Esstisch

Ergebnis

Durch ______________________ kann die Produktion von ____ auf ____ Esstische erhöht werden.

2. Ergänzen Sie die Übersicht über die Vor- und Nachteile der betrieblichen Arbeitsteilung.

Vorteile der betrieblichen Arbeitsteilung	Nachteile der betrieblichen Arbeitsteilung

Arten der Arbeit

Man unterscheidet verschiedene Arten der Arbeit. Geben Sie zu jeder Art ein Beispiel an.

geistige Arbeit: ______________

körperliche Arbeit: ______________

leitende Arbeit: ______________

ausführende Arbeit: ______________

ungelernte Arbeit: ______________

angelernte Arbeit: ______________

gelernte Arbeit: ______________

Veränderte Anforderungen durch technischen Wandel

Die beiden Abbildungen zeigen die Veränderungen in der industriellen Fertigung. Bearbeiten Sie in diesem Zusammenhang folgende Fragen:

1. Weshalb werden in der Industrie immer mehr Roboter eingesetzt?

____

2. Welche Probleme sehen Sie in dieser Entwicklung?

____

3. Welche Anforderungen ergeben sich durch diese Entwicklung für die Arbeitnehmer?

____

Der Arbeitsschutz

1. In der Bundesrepublik Deutschland ereigneten sich 2006 ca. ____________ Arbeitsunfälle. Wie die Karikatur zeigt, sind fehlende Schutzvorrichtungen eine häufige Unfallursache. Nennen Sie weitere Ursachen.

Ursachen für Arbeitsunfälle

- **ungenügende Schutzvorrichtungen**
- ____________ **Fehler**
- ____________ **Versagen**

  z. B.

  ____

  ____

  ____

2. Überlegen Sie, wie sich ein Arbeitsunfall auswirkt.

Folgen eines Arbeitsunfalls

für den Verletzen	für den Betrieb	für die Gesellschaft
____________	• Verlust von ____________	• hohe Kosten durch Unfallfolgen,
____________	____________	z. B. für ____________
____________	• höhere Beiträge für die ____________	____________
____________	____________	____________
____________	____________	• Gestiegene Kosten der
		Betriebe können zu
		____________ führen.

Technischer Arbeitsschutz

> *Privatanzeigen*
> *Bitte um Liebesgaben*
> *Das gräßliche Unglück, daß ein großer mit Malz gefüllter Zuber im Sturz von der Höhe dem hiesigen Küfer Reutter beide Füße derart abgeschlagen hat, dass der eine Fuß sogleich amputiert werden mußte und der Schenkelbruch des andern noch nicht eingerichtet werden konnte, veranlasst mich, das Mitleiden mit der Bitte um Unterstützung in Anspruch zu nehmen. Der Verunglückte ist 39 Jahre alt, verheiratet, Vater von 3 Kindern, hat sich seither durch seiner Hände Arbeit fleißig und ehrlich ernährt. Mögen viele Menschenfreunde diesem Manne, der im Stande klaren Bewusstseins mit großer Ergebung sein schweres Geschick trägt, durch liebreiche tätige Teilnahme helfen, mit Mut in die dunkle Zukunft zu blicken. Beiträge nehmen an die Herren Dekan Georgii, Kaufmann Bessert, Frau Witwe Wagner in Tübingen, Herr Heinrich zum Ochsen allhier und der Unterzeichner.* *Pfarrer Stoll*

Quelle:
Tübinger Chronik vom 22.4.1856;
aus: Stuttgarter Zeitung vom 17.11.1991

3. Früher waren solche Unfälle alltäglich, heute sind sie dank des **technischen Arbeitsschutzes** eine Seltenheit. Durch zahlreiche Vorschriften, Verordnungen und Arbeitsschutzgesetze werden die Gefahren am Arbeitsplatz bekämpft. Ergänzen Sie die Zusammenstellung.

Technischer Arbeitsschutz	
Verordnungen/Schutzvorschriften/ Arbeitsschutzgesetze	**Inhalt**
______________________	Von den Berufsgenossenschaften erlassene Schutzvorschriften, um Arbeitsunfälle zu verhindern.
Arbeitssicherheitsgesetz	Arbeitgeber werden verpflichtet, ______________________ ______________________ ______________________
______________________	Die aus dem Jahre 1869 stammende Grundlage des Unfallschutzes. Sie wurde seitdem mehrfach durch zeitgemäße Regelungen ergänzt und erweitert.
______________________	Anforderungen an die menschenfreundliche Gestaltung der Arbeitsräume, d.h. Vorschriften über Temperatur, Lärmschutz, Beleuchtung usw.
______________________ ______________________	Dieses Gesetz enthält Sicherheitsvorschriften für Maschinen und Werkzeuge. Die Hersteller werden verpflichtet, nur solche Maschinen und Geräte in Verkehr zu bringen, die diesem Gesetz und den darin umgesetzten EU-Richtlinien entsprechen.

4. Geben Sie die Bedeutung der abgebildeten Zeichen an. Tragen Sie ein, ob es sich um Warnzeichen, Gebotszeichen oder um Verbotszeichen handelt.

Warnzeichen, Gebotszeichen, Verbotszeichen	__________	__________	__________	__________
Bedeutung	__________ __________ __________	__________ __________ __________	__________ __________ __________	__________ __________ __________

Das Jugendarbeitsschutzgesetz

In einem Bericht aus dem Jahre 1830 aus England heißt es:

„In den Kohlen- und Eisenbergwerken arbeiten Kinder von 4, 5, 7 Jahren, die meisten sind indes über 8 Jahre alt. Sie werden gebraucht, um das losgebrochene Material von der Bruchstelle nach dem Pferdeweg oder nach dem Hauptschacht zu transportieren, und um die Zugtüren, welche die verschiedenen Abteilungen des Bergwerks trennen, bei der Passage von Arbeitern und Material zu öffnen und wieder zu schließen. Zur Beaufsichtigung dieser Türen werden meist die kleinsten Kinder gebraucht, die auf diese Weise 12 Stunden täglich im Dunkeln einsam in einem engen, meist feuchten Gang sitzen müssen.“ – „Diese Kinder kennen ihre Eltern gewöhnlich nicht näher und wissen nur, dass jeden Morgen um fünf, oft schon um vier Uhr ein Mann oder eine Frau kommt, um sie zu wecken. Die älteren Geschwister tragen ihre noch schlafenden kleineren Geschwister auf dem Rücken in die Fabrik, und sie sehen ihre Eltern erst wieder, wenn sie abends nach Hause kommen und zu Bett geschickt werden.“

1. Ähnliche Zustände wie in dem Bericht herrschten damals auch bei uns. Wie die Abbildung zeigt, ist Kinderarbeit in vielen Entwicklungsländern noch heute an der Tagesordnung. Das Jugendarbeitsschutzgesetz soll in Deutschland solche Zustände verhindern. Überprüfen Sie, ob bei den folgenden Beispielen Verstöße gegen das Jugendarbeitsschutzgesetz vorliegen.

Beispiele	Auswertung/Regel
1. Die 16-jährige Karin hat einen Ausbildungsplatz in ihrem Traumberuf bekommen. Nach 14 Tagen meint ihr Chef, sie habe großes Glück. Nicht nur, dass Karin einen Ausbildungsplatz gefunden habe. Sie dürfe ab sofort auch täglich 9 Stunden arbeiten.	
2. Damit sie eine bessere Busverbindung ausnützen kann, hat Karin jeden Tag 35 Minuten früher Feierabend. Dafür beträgt ihre Mittagspause nur noch 25 Minuten.	
3. In der Berufsschule fällt nach der 4. Stunde der Unterricht aus. Karin geht nach Schulschluss sofort nach Hause. Darf sie das?	
4. Herr Bös ändert die Arbeitszeiten. Karin arbeitet jetzt von 7.00 Uhr bis 20.00 Uhr. Dafür hat sie eine Pause von 12.00 Uhr bis 17.00 Uhr. Sie beschwert sich – mit Recht?	
5. Weil sie eine Wirtschaftskundearbeit versäumen kann und sie 20€ extra erhält, arbeitet Karin an ihrem Berufsschultag im Betrieb.	
6. Damit sie das Geld für einen Windsurfingkurs zusammenbekommt, leistet Karin Akkordarbeit.	

Beispiele	Auswertung/Regel
7. Herr Bös verlangt von Karin, dass sie endlich die ärztliche Bescheinigung über die Erstuntersuchung vorlegt.	______________________ ______________________
8. Weil Karin inzwischen 17 Jahre alt ist, überlegt sie, wie viele Tage Jahresurlaub sie im nächsten Jahr beanspruchen kann.	______________________ ______________________

2. Ergänzen Sie die Zusammenfassung über das Jugendarbeitsschutzgesetz

Das Jugendarbeitsschutzgesetz

Arbeitszeit

höchstens:

- täglich ____________
- wöchentl. ____________

Ruhepausen

bei einer Arbeitszeit von:

- 4,5–6 Std. = ____________
- über 6 Std. = ____________

Urlaub

- 15-Jährige = ____ Werktage
- 16-Jährige = ____ Werktage
- 17-Jährige = ____ Werktage

Berufsschulzeit

Mehr als ____ Unterrichtsstunden entsprechen einem Arbeitstag.

Schichtzeit

Arbeitszeit inkl. Pausen darf höchstens ____________ betragen.

Verbotene Arbeiten

____

____

____

____

Ärztliche Untersuchungen

____

____

____

____

Anwendungsbereich

Alle Personen unter ____ Jahren.

→ Wer noch keine ____ Jahre alt ist, gilt als ____________.

→ ______________________ ist verboten.

Die Beratung und Überwachung erfolgt durch das ______________________

1. Eine übermäßige körperliche Belastung, wie sie die nebenstehende Karikatur überspitzt darstellt, soll durch **Schutzvorschriften in der Arbeitswelt** verhindert werden.

Ergänzen Sie die nachfolgende Übersicht und lösen Sie danach die Aufgaben (a–e).

Schutzvorschriften in der Arbeitswelt	
Arbeitsschutzgesetze/Verordnungen	**Inhalt**
____________	Es enthält zahlreiche Schutzbestimmungen für jugendliche Arbeitnehmer.
____________	Sie regeln Höchstarbeitszeiten, Ruhepausen, Sonntagsarbeit und Feiertagsarbeit.
____________	Es enthält Schutzvorschriften für Schwangere und für Mütter nach der Entbindung.
Schwerbehindertenschutz	Es soll die ____________ von Schwerbehinderten fördern. Außerdem enthält es besondere ____________.
Bundeserziehungsgeldgesetz	Es regelt die Gewährung von ____________ und ____________.

a) Welche Aussagen zum **Schwerbehindertenschutz** sind richtig?

- ☐ Schwerbehinderte erhalten zusätzlich 14 Tage Jahresurlaub.
- ☐ Schwerbehinderte genießen einen besonderen Kündigungsschutz.
- ☐ Schwerbehinderte müssen keine Überstunden leisten.
- ☐ Schwerbehinderte dürfen nur besonders einfache und leichte Arbeiten verrichten.

b) Wie viele Arbeitsstunden sind nach dem **Arbeitszeitgesetz** höchstens pro Tag zulässig? ____________

Wie lange muss nach dem **Arbeitszeitgesetz** die Ruhezeit zwischen zwei Arbeitstagen sein? ____________

c) Für bestimmte Bereiche sind Abweichungen vom **Arbeitszeitgesetz** gestattet. Nennen Sie drei Beispiele. ____________

d) Wer erlässt die **Unfallverhütungsvorschriften?** ____________

e) Nennen Sie drei wesentliche Bestimmungen des **Mutterschutzgesetzes.** ____________

2. Tragen Sie in das Schaubild die wichtigsten **Organe zur Überwachung der Arbeitsschutzvorschriften** ein.

____________ → **Überwachung der Arbeitsschutzvorschriften** ← ____________

1. Durch seine Berufstätigkeit wird ein Arbeitnehmer automatisch von den einzelnen Zweigen der Sozialversicherung geschützt. Tragen Sie zu den einzelnen Symbolen die entsprechende Versicherung sowie das Jahr ihrer Entstehung ein.

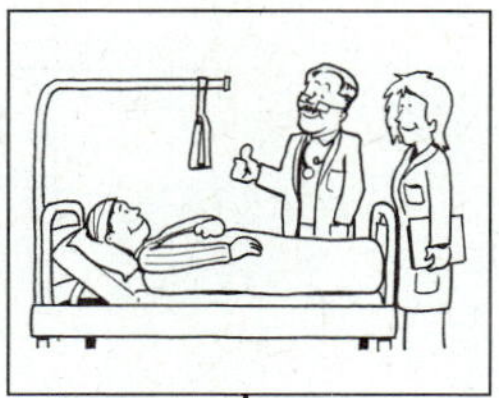

Die Sozialversicherung

- Um die Arbeitnehmer vor wirtschaftlicher Not zu schützen ist die Mitgliedschaft in der Sozialversicherung ____________ für alle Arbeitnehmer.
- Ausnahmeregelungen gelten für ____________

2. Vervollständigen Sie die Übersicht zur Sozialversicherung.

Arten				**Arbeitslosen-versicherung**	
Zweck	Schutz des Arbeitnehmers und seiner Familie bei Krankheit	Unfallverhütung sowie Schutz bei Arbeitsunfällen und Berufskrankheiten	Soziale Sicherung im Alter und bei Erwerbsunfähigkeit	Finanzielle Absicherung bei	Soziale Sicherung bei Pflegebedürftigkeit
Träger			Deutsche Rentenversicherung		

Arten					
Beitragszahlung	• 50 % der Arbeitnehmer • 50 % der Arbeitgeber				
Beitragshöhe	• ca. 14,8 % des Bruttoverdienstes • Arbeitnehmer zusätzlich 0,9 % Sonderbeitrag (Stand 1.7.2008)				• 1,95 % des Bruttoverdienstes • Kinderlose Arbeitnehmer zusätzlich 0,25 % (Stand 1.7.2008)
Leistungen			• Altersrente • Erwerbsminderungsrente • Hinterbliebenenrente • Rehabilitationsmaßnahmen		

3. Geben Sie an, welche Versicherung bei den nachfolgenden Fällen jeweils zuständig ist.

Fall	Versicherung
a) Hauterkrankung einer Friseurin, verursacht durch Chemikalien am Arbeitsplatz	
b) Krankengeld einer Angestellten	
c) Arbeitslosengeld eines Arbeiters	
d) Ärztliche Behandlung und Krankenhausaufenthalt nach einem Skiunfall	
e) Berufliche Fortbildung eines Facharbeiters	
f) Altersruhegeld für einen 68-Jährigen	
g) Hinterbliebenenrente für die Witwe eines Rentners	
h) Heimunterbringung eines pflegebedürftigen Rentners	
i) Heilbehandlung, Medikamente und Krankenhausaufenthalt nach einem Unfall am Arbeitsplatz	

4. Die Karikatur soll auf das Zukunftsproblem der Rentenversicherung hinweisen (siehe auch Klettbuch, S. 41 u. 244).

Der deutsche Rentenzahler 2000
(Horst Haitzinger, München)

a) Erläutern Sie in diesem Zusammenhang, was man unter dem **Generationenvertrag** versteht.

b) Auf welches Problem wird in der Karikatur hingewiesen?

c) Nennen Sie mindestens drei Lösungsmöglichkeiten.

5. Die AOK Berghausen hat einen Beitragssatz von 14 %. Zusammen mit den 0,9 % Sonderbeitrag der Arbeitnehmer ergibt sich ein Arbeitnehmeranteil von 7,9 %. Wie hoch sind die Krankenversicherungsbeiträge, die den Arbeitnehmern jeweils vom Verdienst abgezogen werden?

Monatsverdienst 1
1 000 €

↓

Krankenversicherungsbeitrag

Monatsverdienst 2
3 000 €

↓

Krankenversicherungsbeitrag

Monatsverdienst 3
10 000 €

↓

Krankenversicherungsbeitrag

Begründen Sie das Ergebnis bei Monatsverdienst 3 und erklären Sie, was man unter der **Beitragsbemessungsgrenze** versteht.

6. Erläutern Sie die Bedeutung der **Versicherungspflichtgrenze** in der Krankenversicherung.

____

____

7. Ergänzen Sie folgende Übersicht.

Ein Anspruch auf **Leistungen der Unfallversicherung** besteht bei

einem ______________	einem ______________	einer ______________

8. Wird ein Versicherter durch einen Arbeitsunfall getötet oder ist mehr als 3 Tage arbeitsunfähig, dann muss der Arbeitgeber dies durch eine ______________ melden. Er muss dazu den gelben Vordruck der ______________ verwenden. Tragen Sie in die Abbildung ein, wer die einzelnen Ausfertigungen erhält.

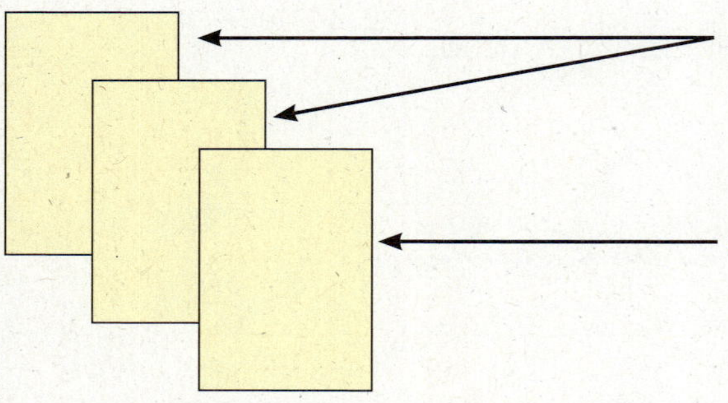

zwei Ausfertigungen erhält die ______________

eine Ausfertigung erhält das ______________

9. Unterscheiden Sie **Arbeitslosengeld I** und **Arbeitslosengeld II.**

Arbeitszeitslosengeld I ____

____

____

____

____

Arbeitszeitslosengeld II ____

____

____

____

10. Womit muss ein Arbeitnehmer rechnen, der seine Arbeitslosigkeit selbst verschuldet hat, z. B. durch eigene Kündigung?

____

____

1. Ergänzen Sie das Schaubild über den Aufbau der Sozialgerichte.

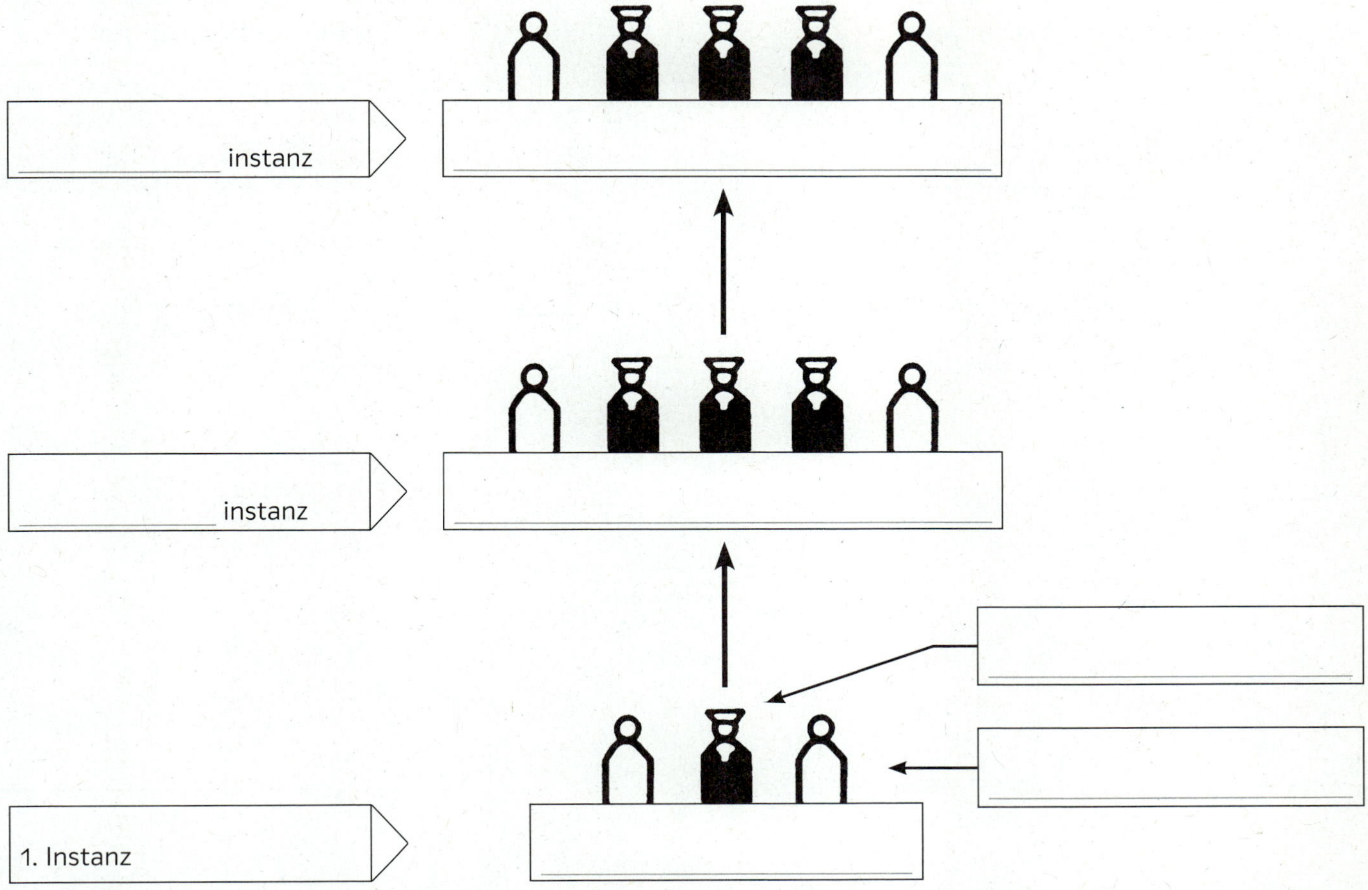

2. Für welche Streitigkeiten sind die Sozialgerichte zuständig?

3. Ein Sozialversicherungsträger erteilt einen ablehnenden Bescheid. Wie wird der Betroffene zunächst reagieren, wenn er damit nicht einverstanden ist?

4. Wer trägt die Kosten einer Verhandlung vor dem Sozialgericht?

1. Ergänzen Sie die wichtigsten Unterschiede zwischen Privatversicherungen und Sozialversicherungen.

Privatversicherungen		Sozialversicherungen
	Beitritt	
	Beitrags-höhe	
	Beitrags-höhe	

2. Setzen Sie folgende Begriffe in das Schaubild ein: *Versicherungsnehmer, Versicherung, Antragsvordruck, Police.*

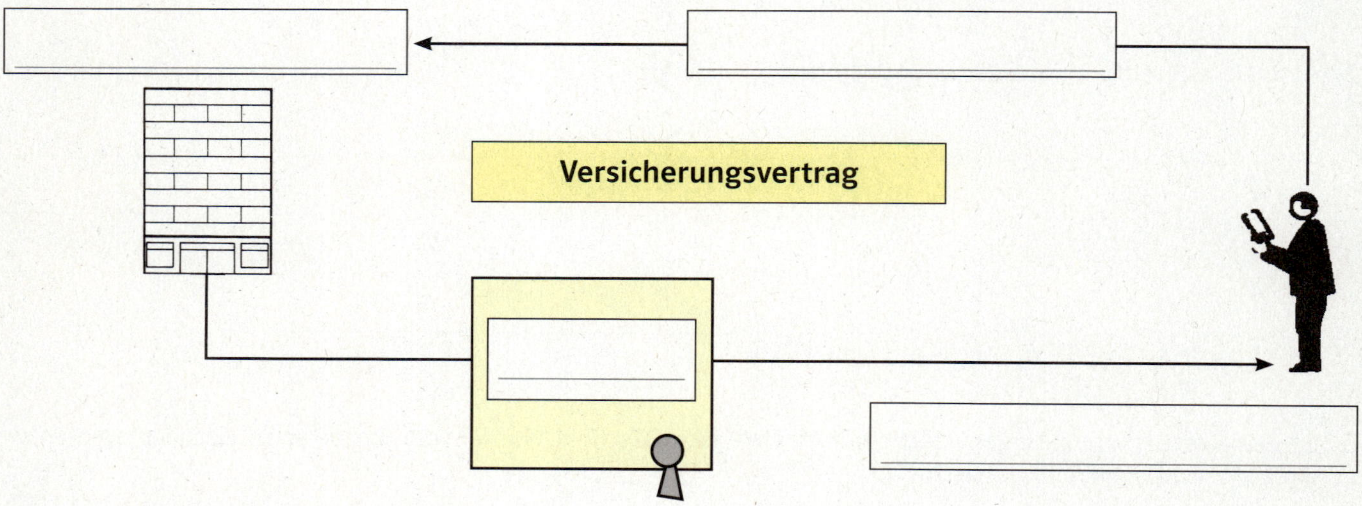

3. Begründen Sie am Beispiel der gesetzlichen Rentenversicherung, dass private Zusatzversicherungen eine sinnvolle Ergänzung sein können.

4. Ergänzen Sie die Übersicht über die Privatversicherungen (Individualversicherungen).

Privatversicherungen

____
Versichert wird eine **Person.**

- 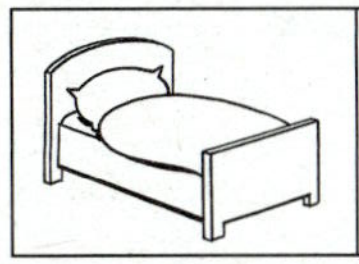 ____________
  wenn Versicherungspflicht besteht oder als Zusatzversicherung.
-  ____________
  für Unfälle, die keine Berufsunfälle sind.
-  ____________
  fällig beim Tod des Versicherten oder beim Erreichen eines bestimmten Alters.
-  ____________
  dient als zusätzliche Altersvorsorge.
-  ____________
  wenn der Beruf nicht mehr ausgeübt werden kann.

____
Versichert sind **Sachen.**

- ____________
- ____________
- ____________
- ____________
-  ____________
  Kombination der obigen Versicherungen.

____
Schützt das **Vermögen** des Versicherten gegen Schadenersatzansprüche Dritter.

-  ____________
  - ____________
    Bsp.: Kind wirft Scheibe ein.
  - ____________
    Bsp.: Fleischer verursacht Fleischvergiftung bei Kunden.
  - ____________
    Bsp.: Hund beißt Briefträger.
  - ____________
    Bsp.: Missachten der Vorfahrt verursacht Unfall.
-  ____________
  dient zur Durchsetzung eigener und zur Abwehr fremder Ansprüche.

1. Ergänzen Sie die Übersicht über die Rechtsfähigkeit.

Rechtsfähigkeit

Dies bedeutet: ____________________

Wer ist rechtsfähig? ____________________ | ____________________

J. P. des privaten Rechts | J. P. des öffentlichen Rechts

Beispiele: ____________________

Dauer: ____________________

2. Kreuzen Sie jeweils an.

Personen	natürliche Person	juristische Person des Privatrechts	juristische Person des öffentlichen Rechts
die 19-jährige Karin Kloß			
die DaimlerChrysler AG			
die Stadt Mannheim			
der 5-jährige Klaus Müller			
der Rechtsanwalt Manfred Winkel			
der Staatsanwalt Walter Knack			
der VfB Stuttgart			

1. Ergänzen Sie die Übersicht über die Geschäftsfähigkeit.

Geschäftsfähigkeit

Dies bedeutet:

Stufen:

Alter:

Weitere Personen:

Rechtliche Wirkung:

Rechtsgeschäfte sind

Rechtsgeschäfte sind

der gesetzliche Vertreter muss

Ausnahmen

Rechtsgeschäfte sind

2. Kreuzen Sie die jeweils richtige Stufe der Geschäftsfähigkeit an.

Personen	geschäfts-unfähig	beschränkt geschäftsfähig	voll geschäftsfähig
a) der 6-jährige Klaus Bauer			
b) die 16-jährige Martina Kleemann			
c) der 24-jährige Egon Specht			
d) die 38-jährige Klara Baier			
e) der 19-jährige Kurt Schmittke			
f) der 20-jährige Martin Berger, dauerhaft geisteskrank			

3. Begründen Sie kurz in Stichworten, ob die folgenden Rechtsgeschäfte gültig sind.

a) Anton Singer, 19 Jahre alt, kauft sich eine 1000 € teuere Stereoanlage.	
b) Gegen den Willen der Eltern bekommt der 12-jährige Klaus von seinem Onkel ein Fahrrad geschenkt.	
c) Die 5-jährige Katrin holt aus ihrer Spardose 20 € und kauft dafür Gummibärchen.	
d) Birgit Fischer, 17 Jahre alt, kauft sich einen 100 € teueren Walkman.	
e) Paula Huber, 45 Jahre alt, dauerhaft geisteskrank, bestellt bei einem Vertreter ein 24-bändiges Lexikon für 3000 €.	
f) Der 16-jährige Martin kauft bei einem Händler ein Mofa. Er vereinbart den Kaufpreis in 15 Monatsraten von seinem Taschengeld zurückzuzahlen.	

4. Ergänzen Sie die Zusammenfassung über die **Rechts- und Geschäftsfähigkeit.**

Unter **Rechtsfähigkeit** versteht man die Fähigkeit ____________. Die Rechtsfähigkeit beginnt mit der ____________; sie endet mit dem ____________. Lebende Menschen bezeichnet man als ____________. Neben natürlichen Personen können auch ____________ rechtsfähig sein. Dies sind Personenvereinigungen, denen das Gesetz eine eigene Rechtsfähigkeit zuerkennt wie zum Beispiel ____________. Juristische Personen sind zwar rechtsfähig, dennoch können sie nicht selbstständig am Wirtschaftsleben teilnehmen. Dazu benötigen sie die Hilfe von natürlichen Personen. Für die juristischen Personen handeln deshalb ihre Organe, dies ist zum Beispiel bei einem Verein der ____________. Unter ____________ versteht man dagegen die Fähigkeit, vollgültige Geschäfte abzuschließen. Das Gesetz unterscheidet hierbei verschiedene Stufen. Ein Geschäftsunfähiger kann grundsätzlich keine Rechtsgeschäfte abschließen, für ihn handelt der ____________. Beschränkt Geschäftsfähige benötigen in der Regel die ____________ ____________. Ab ____ Jahren ist man voll geschäftsfähig und kann vollgültige Rechtsgeschäfte abschließen.

1. Rechtsgeschäfte entstehen durch die Abgabe von **Willenserklärungen.** Diese können durch ausdrückliche Erklärungen, durch schlüssige Handlungen oder durch Schweigen erfolgen.
Ergänzen Sie das abgebildete Schema mit folgenden Begriffen:
mündliche Bestellung im Lokal, Lösen einer Fahrkarte am Automaten, Kaufmann schweigt auf abgeänderte Auftragsbestätigung, Käufer nimmt am Kiosk eine Zeitung und zahlt wortlos, schriftliche Bestellung bei Versandhaus.

Willenserklärungen

ausdrückliche Erklärungen	schlüssige Handlungen	Schweigen
z. B. ____________	z. B. ____________	z. B. ____________

2. Ergänzen Sie das vorbereitete Schema mit folgenden Begriffen: *Willenserklärungen, Berufsausbildungsvertrag, Testament, einseitige Rechtsgeschäfte, Arbeitsvertrag, Kaufvertrag, Kündigung, mehrseitige Rechtsgeschäfte.*

Rechtsgeschäfte

entstehen durch die Abgabe von

____

____________	____________
liegen vor, wenn eine Person eine Willenserklärung abgibt.	liegen vor, wenn mindestens 2 Personen übereinstimmende Willenserklärungen abgeben.
z. B. ____________	z. B. ____________

3. Nach dem **Grundsatz der Formfreiheit** können Rechtsgeschäfte in beliebiger Form abgeschlossen werden. Für einige wichtige Rechtsgeschäfte schreibt das Gesetz jedoch eine bestimmte Form vor.
Setzen Sie folgende Begriffe in das vorbereitete Schaubild ein:
öffentliche Beglaubigung, Grundstückskauf, Schriftform, notarielle Beurkundung, Eheverträge, Ratenkaufvertrag, Anträge auf Eintrag ins Handelsregister, Kündigung von Arbeitsverträgen.

Form der Rechtsgeschäfte

____________	____________	____________
Verlangt wird ein Schriftstück, das die Beteiligten eigenhändig unterschreiben.	Die Echtheit der Unterschrift unter einem Schriftstück wird amtlich oder notariell beglaubigt.	Ein Notar hält die Willenserklärung schriftlich fest und bestätigt Inhalt und Echtheit der Unterschrift.
z. B. ____________	z. B. ____________	z. B. ____________

Wird die gesetzlich vorgeschriebene Form nicht eingehalten, dann ist das Rechtsgeschäft ____________.

4. Kreuzen Sie an.

Rechtsgeschäft	formfrei	Schriftform	öffentliche Beglaubigung	notarielle Beurkundung
Frau Putzig kauft ihren Geschirrspüler auf Raten.				
Karl Protz bezahlt sein neues Motorrad bar.				
Bauer Kohl verkauft einen Acker an seinen Nachbarn.				
Der „Verein zur Förderung der Wirtschaftskunde" beantragt seine Eintragung ins Vereinsregister.				
Martin Stift schließt seinen Lehrvertrag ab.				
Herr Burger übernimmt für den Kredit seiner Tochter die Bürgschaft.				
Frau Schenker verspricht, dass sie ihrem Neffen zu seinem 18. Geburtstag 10 000 € schenken wird.				

5. Ergänzen Sie das Schaubild.

Rechtsgeschäfte

Nichtig bei	**Anfechtbar** bei
______________________________	______________________________
______________________________	______________________________
______________________________	______________________________
______________________________	______________________________
______________________________	
______________________________	
↓	↓
Rechtsgeschäfte sind von Anfang an __________.	Rechtsgeschäfte sind ______________, sie werden aber durch Anfechtung ______________.

6. Begründen Sie, ob die folgenden Rechtsgeschäfte nichtig oder anfechtbar sind.

Rechtsgeschäft	**nichtig**	**anfechtbar**	**Begründung**
Alfred Grün verkauft normales Obst als besonders gesunde „Bioware“.			
Ein Arbeitgeber droht seine Sekretärin zu entlassen, wenn sie sich nicht mit seinem Sohn verlobt.			
Von einem Guru, dem Oberhaupt der „Gemeinschaft der universalen Erleuchtung“, erhält Herr Mayer 800 €, wenn er endlich den „richtigen Glauben“ annimmt.			
In gelöster Partystimmung bietet Hans Vogel einem Gast für 9,99 €, inklusive Mehrwertsteuer, seinen neuen Sportwagen an.			
Wegen einer Notlage nimmt Franziska Maus bei der Kreditvermittlung Herbert Hai einen Kleinkredit auf. Firma Hai verlangt 45% Zinsen.			
Ein Rauschgifthändler verkauft einem Zwischendealer 1,2 kg Kokain.			
Erwin Peters sucht dringend eine Wohnung. In seiner Notlage mietet er eine 40 m^2 große Wohnung zum Preis von 800 €.			
Damit es gut lesbar ist, tippt Frau Pingel ihr Testament mit der Schreibmaschine und unterschreibt es eigenhändig.			
Die 6-jährige Tina verkauft für 10 € ihren Puppenwagen.			
Die Renovierungsarbeiten bei Firma Clever betragen 30 000 €. Um Steuern zu sparen einigt sich Herr Clever mit dem Handwerker auf eine „offizielle Rechnung“ über 10 000 €.			
Der halb blinde Teppichhändler verkauft einen echten Perserteppich als billigen Industrieteppich.			
Für eine Beerdigung benötigt der blinde Norbert Bock einen dunklen Anzug. Verkäufer Harry Fuchs nutzt die Gelegenheit und verkauft ihm seinen gelb-grün gestreiften Ladenhüter.			

Zustandekommen und Erfüllung des Kaufvertrages

1. Nachfolgend sehen Sie zwei mögliche Formen für den Abschluss eines Kaufvertrages. Ergänzen Sie, wie jeweils ein Vertrag zustande kommt.

Beispiel 1:
Auf ein Sonderangebot der Mühle Klaps & Co bestellt Bäckermeister Clever einen Sonderposten Mehl.

____________ + ____________ → **Kaufvertrag**

Beispiel 2:
Die Firma Barth feiert ihr 50-jähriges Jubiläum und erteilt Bäckermeister Clever einen Sonderauftrag über 1200 Brötchen. Meister Clever nimmt den Auftrag sofort an.

____________ + ____________ → **Kaufvertrag**

2. Ein Kaufvertrag entsteht durch zwei übereinstimmende ____________________, nämlich den **Antrag** und dessen **Annahme.** Antrag und Annahme können sowohl durch den Käufer als auch durch den Verkäufer erfolgen. Tragen Sie in die Übersicht folgende Begriffe ein: *Bestellung, Angebot, Bestellungsannahme, Bestellung.*

Verkäufer

Kaufvertrag
Verpflichtungsgeschäft

Käufer

Antrag = ____________ →

← ____________ = **Annahme**

oder:

Annahme = ____________ →

← ____________ = **Antrag**

3. Welche **Pflichten** müssen durch den Abschluss eines Kaufvertrages erfüllt werden?

Kaufvertrag
Erfüllungsgeschäft

Pflichten des Verkäufers

____
____
____

Pflichten des Käufers

____
____
____

____
____

____
____

4. Begründen Sie, weshalb in den folgenden Beispielen der Verkäufer nicht an sein Angebot gebunden ist.

Beispiel 1:	Beispiel 2:	Beispiel 3:
Die Mühle Klaps & Co bietet Meister Clever einen besonders günstigen Posten Mehl, solange der Vorrat reicht.	Meister Clever bestellt auf ein Angebot, nachdem er es sich 14 Tage gut überlegt hat.	Meister Clever bestellt auf ein Angebot. Bei seiner Bestellung trägt er einen niedrigeren Preis ein.
↓ Die **Bindung an das Angebot** wird aufgehoben durch	↓ Die **Bindung an das Angebot** erlischt bei	↓ Die **Bindung an das Angebot** erlischt bei
______________	______________	______________

5. Durch Unaufmerksamkeit des Auszubildenden Detlev Kuntze wurde im Schaufenster der Firma Knolle der abgebildete Computer um 500 € zu niedrig ausgezeichnet. Ein Kunde verlangt, dass die Ware zum ausgezeichneten Preis abgegeben wird. Herr Knolle weigert sich. Muss der Computer zu dem angegebenen Preis verkauft werden?

Der Inhalt des Kaufvertrages

6. Sofern bei Vertragsabschluss keine besonderen Vereinbarungen getroffen werden, gelten die gesetzlichen Regelungen. Ergänzen Sie die Aufstellung.

	Gesetzliche Regelung
Art und Güte: Welche Art und Güte muss geliefert werden?	
Verpackungs- und Beförderungskosten: Wer trägt diese Kosten?	
Preisnachlässe: Dürfen Preisabzüge wie Skonto und Rabatt vorgenommen werden?	
Erfüllungsort: • Wo muss die Ware übergeben werden? • Wo muss der Kaufpreis bezahlt werden?	
Gerichtsstand: Wo kann Klage erhoben werden?	

Kaufvertrag

Herr, Frau, Firma

Anschrift

verkauft hiermit an

Herr, Frau, Firma

Anschrift

das Kraftfahrzeug

Typ Fahrgestell-Nr.

Amtl. Kennzeichen

km-Stand Datum der Erstzulassung

Zubehör

unter Ausschluss jeglicher Gewährleistung zu folgenden Bedingungen:

§ 1

Der Kaufpreis beträgt €

(in Worten)

Er ist bei der Übernahme des Fahrzeugs in bar zu entrichten.

§ 2

Der Verkäufer versichert, dass das Fahrzeug in seinem unbeschränkten Eigentum steht, insbesondere nicht mit Rechten Dritter belastet ist, und dass es nur folgende, ihm bekannte Sachmängel hat:

Unfallschäden hatte:

§ 3

Der Käufer verpflichtet sich den Wagen umgehend auf seinen Namen umschreiben zu lassen. Der Verkäufer benachrichtigt seine Versicherungsgesellschaft von dem Besitzwechsel des Autos. Zu viel gezahlte Steuern und Versicherungsprämien stehen dem Verkäufer zu.

§ 4

Mündliche Nebenabreden wurden nicht getroffen. Insbesondere wurden keine außergewöhnlichen Eigenschaften des Wagens zugesichert. Das Auto wurde am

__________ um __________ Uhr vom Käufer übernommen.

__________, den __________

Erwin Redlich Manuela Huber

(Verkäufer) (Käufer)

Quelle: Auto, Motor, Sport

7. Füllen Sie das nebenstehende Kaufvertragsformular aus und verwenden Sie dabei folgende Daten:

Manuela Huber, Weimarstr. 34, 70190 Stuttgart, kauft von Erwin Redlich, Mörikestr. 23, 71642 Ludwigsburg, einen PKW (Ford Fiesta, Erstzulassung 6.4.07, Stereoradio mit CD-Player, Kilometerstand 16 900 km, Fahrgestellnummer Y 23 651, amtliches Kennzeichen LB – R 122) zum Preis von 7 800 €. Herr Redlich versichert, dass der Wagen noch keinen Unfall hatte.

8. Könnte der Autokauf auch ohne schriftlichen Kaufvertrag erfolgen?

9. Welche Gründe sprechen für einen schriftlichen Kaufvertrag?

1. Herr Fuchs bewohnt sein eigenes Haus. Ein weiteres Haus, das er von seiner Tante Erna geerbt hat, wurde von ihm an Herrn Vogel vermietet.

Wer ist der **Besitzer** des vermieteten Hauses?	Wer ist der **Eigentümer** des vermieteten Hauses?
↓	↓
____________	____________

2. Welcher Unterschied besteht demnach zwischen Besitz und Eigentum?

Besitz ▷ ____________

Eigentum ▷ ____________

3. Wie erfolgt der **Eigentumsübergang** bei

beweglichen Sachen?	**unbeweglichen Sachen**

4. a) Für sein Wohnzimmer bestellt Herr Vogel bei der Möbelhandlung Holz & Wurm eine neue Schrankwand. In den Lieferbedingungen des Kaufvertrages taucht das Wort **Eigentumsvorbehalt** auf. Erläutern Sie diesen Begriff.

____

____

____

____

§ 932 Gutgläubiger Erwerb vom Nichtberechtigten

(1) Durch eine nach § 929 erfolgte Veräußerung wird der Erwerber auch dann Eigentümer, wenn die Sache nicht dem Veräußerer gehört, es sei denn, dass er zu der Zeit, zu der er nach diesen Vorschriften das Eigentum erwerben würde, nicht in gutem Glauben ist . (…)

(2) Der Erwerber ist nicht in gutem Glauben, wenn ihm bekannt oder infolge großer Fahrlässigkeit unbekannt ist, dass die Sache nicht dem Veräußerer gehört.

b) Herrn Vogels alter Fernseher passt nicht in die neue Wohnwand. Er verkauft ihn deshalb gegen Barzahlung an seine Nachbarin, Frau Wolf. Diese weiß nicht, dass der Apparat im Hifi-Studio Watt auf Raten gekauft und unter Eigentumsvorbehalt geliefert wurde. Ist nun sie die neue Eigentümerin des Geräts? Lesen Sie hierzu den nebenstehenden Auszug aus dem BGB.

____

____

____

5. Herr Vogel hat großes Pech. Während der Nacht hat ein Dieb von seinem Auto die teuren Leichtmetallfelgen abmontiert und an den ahnungslosen Herrn Sorglos verkauft. Ist Herr Sorglos nun neuer Eigentümer der Leichtmetallfelgen geworden? Lesen Sie hierzu den nachfolgenden Auszug aus dem BGB.

§ 935 Kein gutgläubiger Erwerb von abhanden gekommenen Sachen

(1) Der Erwerb des Eigentums aufgrund der § 932 bis 934 tritt nicht ein, wenn die Sache dem Eigentümer gestohlen worden, verloren gegangen oder sonst abhanden gekommen war. (…)

____

____

____

____

____

„Guten Tag Herr Pfeiffer,
mein Name ist Bruch vom Modeversandhaus Bruch. Vor drei Wochen haben wir Ihnen verschiedene Waren geliefert. Trotz einer Mahnung warten wir immer noch auf Bezahlung."

„Guten Tag Frau Bruch.
Gut, dass Sie mich anrufen. Gestern habe ich Ihnen einen Brief geschickt. Den müssten Sie spätestens morgen erhalten. Das war nämlich nichts Tolles, was Sie da geliefert haben. Bei Ihrer Lieferung habe ich folgende Mängel entdeckt:

- Statt der bestellten Damenbluse wurde ein Herrenhemd geliefert und das in Größe 44; meine Frau ist doch kein Gorilla.
- Beim Waschen ist die im Katalog als kochfest beschriebene Hose extrem eingegangen; sie hat jetzt die Länge von Bermudashorts.
- Das bestellte Abendkleid hat einen großen Farbfleck.
- Anstatt der gewüschten 4 T-Shirts wurden nur 2 Stück geliefert.
- Die gelieferte Nachtcreme riecht ranzig.
- Das bestellte PC-Programm ist wohl eine Raubkopie, da Seriennummer und Registrierungskarte fehlen.
- Außerdem habe ich einen ganzen Nachmittag vergeblich versucht, das Schuhschränkchen ohne Montageanleitung zusammenzubauen.

Ich kann nur sagen, die ganze Lieferung war im wahrsten Sinn des Wortes eine echte **„Bruch-Sendung"**.

1. Einer mangelhaften Lieferung können verschiedene Sachmängel zugrunde liegen. Tragen Sie die vorliegenden Mängel dieser „Bruch-Sendung" in die Übersicht ein.

Sachmängel

fehlerhafte Ware	schlechte Qualität	falsche Ware	zu wenig

nicht eingehaltene Werbeaussagen	Montagemangel	Rechtsmangel

2. Wann verjährt bei einem **Verbrauchsgüterkauf** der Anspruch des Käufers auf Sachmangelhaftung?

____

3. Ergänzen Sie die Übersicht.

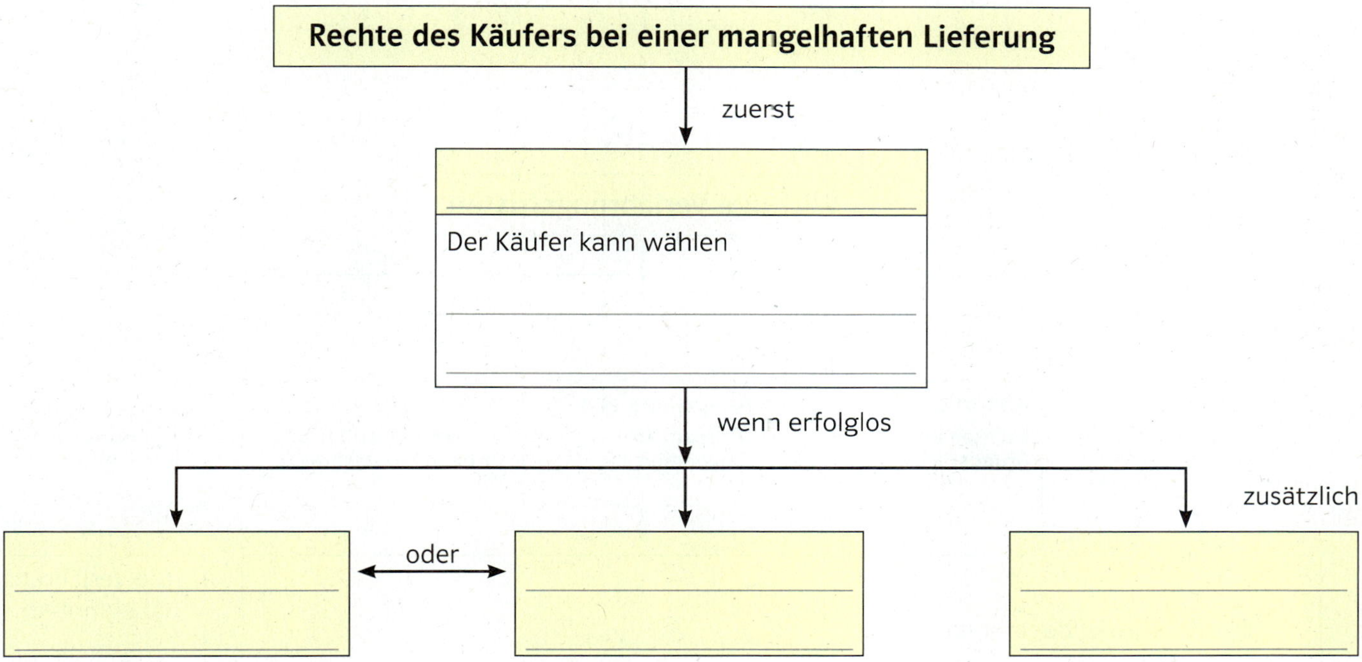

4. Wann gilt die Nacherfüllung als gescheitert?

5. Sie erinnern sich: Die als kochfest verkaufte Hose ist extrem eingegangen. Außerdem hat sie beim Waschen stark abgefärbt. Die gesamte Unterwäsche von Herrn Pfeiffer hat nun ein sattes Einheitsblau. Seine vormals weißen Oberhemden sind jetzt himmelblau. Um den ursprünglichen Zustand wiederherzustellen, müssten die Wäschestücke in einer teuren Spezialreinigung entfärbt werden.
Welche Rechte kann Herr Pfeiffer beanspruchen? Begründen Sie Ihre Entscheidung.

6. Tanja hat einen neuen Mikrowellenherd gekauft. Daheim entdeckt sie beim Auspacken starke Kratzer am Gehäuse und einen Sprung im Türglas. Der Verkäufer behauptet, die Beschädigungen wären nachträglich beim Gebrauch entstanden. Sofern man ihm nicht das Gegenteil beweise, würde er die Reklamation nicht anerkennen. Beurteilen Sie die Rechtslage mit Hilfe des nebenstehenden Gesetzestextes.

Auszug aus dem BGB
§ 476 Beweislastumkehr.
Zeigt sich innerhalb von 6 Monaten seit Gefahrübergang ein Sachmangel, so wird vermutet, dass die Sache bereits bei Gefahrübergang mangelhaft war, es sei denn, diese Vermutung ist mit der Art der Sache oder des Mangels unvereinbar.

1. Erklären Sie, was man unter **Verjährung** versteht. ______

2. Ergänzen Sie die Übersicht.

Wichtige Verjährungsfristen

______	______	______	______	______
Ansprüche aus • **vollstreckbaren Titeln,** z. B. Gerichtsurteile • **Familien- und Erbrecht**	**Ansprüche** aus **Rechten aus Grundstücken**	**Ansprüche** aus **Mängeln an Bauwerken**	**Ansprüche** aus **Sachmangelhaftung beim Kaufvertrag**	Die **regelmäßige Verjährungsfrist** für alle Ansprüche

Die Verjährung beginnt mit ______ .

Die Verjährung beginnt ab ______ .

3. Geben Sie die Verjährungsfristen an, und stellen Sie fest, wann die Verjährung beginnt und wann sie endet.

Anspruch	Verjährungsfrist	Beginn	Ende	Begründung
P. Straub verkauft seinen Gebrauchtwagen an R. Bosch. Bis 19.2.08 soll Bosch den Kaufpreis von 4000 € überweisen.	3 Jahre	31.12.2008	31.12.2011	regelmäßige Verjährungsfrist
Seit dem 16.10.07 verlangt Herr Köpf von der Solidbau GmbH, dass die Mängel an seinem neuen Haus beseitigt werden.				
Herr Blank vergisst die am 20.5.08 fällige Zahnarztrechnung.				
Die am 5.4.07 gelieferte Waschmaschine ist defekt. Herr Baumann möchte, dass sie vom Händler kostenlos repariert wird.				
Aufgrund eines rechtskräftigen Urteils vom 16.9.03 hat Herr Salzmann Anspruch auf 5000 € Schadenersatz.				
Seit dem 19.2.08 wartet Herr Vogel, dass das Möbelhaus Schluder die defekten Teile seiner Einbauküche austauscht.				

4. Ergänzen Sie.

bedeutet — **Hemmung der Verjährung** — **erfolgt durch**

1. Erklären Sie, was man unter **Haftung** versteht. ____________

____

2. Man unterscheidet verschiedene Haftungsgründe. Tragen Sie diese in die Übersicht ein und geben Sie jeweils zwei Beispiele dazu an.

Haftungsgründe

____________		____________	____________
In einem besonderen Vertrag hat sich jemand verpflichtet für einen Schaden zu haften.	Jemand erfüllt schuldhaft vertragliche Verpflichtungen nicht und verursacht dadurch einen Schaden.	Hersteller haften für Schäden, die durch fehlerhafte Produkte entstehen.	Schäden, die widerrechtlich und vorsätzlich oder widerrechtlich und fahrlässig verursacht werden.
z. B. ↓	z. B. ↓	z. B. ↓	z. B. ↓
____________	____________	____________	____________

3. Ergänzen Sie die Übersicht.

Haftung für unerlaubte Handlung

Minderjährige unter 7 Jahren	**Minderjährige zwischen 7 und 18 Jahren**	**Aufsichtspflichtige (z. B. Eltern)**
Sie sind für angerichtete Schäden …	Sie sind für angerichtete Schäden …	Sie sind für angerichtete Schäden …
____________	____________	____________

4. Wie muss **Schadenersatz** geleistet werden?

____

1. Frau Pfiffig hat sich entschlossen, ab sofort bewusster einzukaufen. Sie geht in einen Supermarkt und kauft dort unter anderem Folgendes ein:

in der Lebensmittelabteilung:	2 Dosen Champignons
in der Textilabteilung:	eine neue Bluse

Überprüfen Sie, welche **gesetzlichen Warenkennzeichnungsvorschriften** für diese Waren gelten. Geben Sie zusätzlich an, welche Herstellerinformationen Frau Pfiffig aufgrund dieser Vorschriften vermittelt werden müssen. Tragen Sie Ihre Erkenntnisse in die nachfolgende Tabelle ein.

Kaufobjekt (Ware)	Warenkennzeichnungs-vorschriften	Information
Champignons in Dosen (Fertigpackungen) 		
Bluse 		

2. Die **Preisangabenverordnung** soll dem Verbraucher auf einfache Art Preisvergleiche ermöglichen. Geben Sie in der nachfolgenden Übersicht an, welche Vorschriften der Preisangabenverordnung jeweils gelten.

Kreditinstitute:	
Tankstellen:	
Gaststätten:	

3. Neben der gesetzlichen Warenkennzeichnung gibt es **freiwillige Warenkennzeichnungen der Industrie.** Ergänzen Sie die Übersicht über die nachfolgenden freiwilligen Warenkennzeichnungen.

Freiwillige Warenkennzeichnung

______________	______________	______________
Produkte mit derartigen Zeichen verbürgen einen genau festgelegten ______________ ______________.	Der „Blaue Engel" wird von einer unabhängigen Jury für Produkte vergeben, die besonders ______________ sind.	Etiketten an Geräten erleichtern den Verbrauchern Vergleiche, denn sie informieren über wesentliche und objektiv nachprüfbare ______________.

1. Uwe Ehrmann erhält von einem Versandhandel drei unbestellte CDs zugeschickt. Uwe ist sich nicht sicher, ob er diese CDs nun zahlen oder nur zurückschicken muss. Sein Kollege empfiehlt ihm doch einmal bei einer Verbraucherberatungsstelle anzurufen und sich dort beraten zu lassen. Von der Verbraucherberaterin erfährt er, dass unbestellt zugesandte Ware:

____

____

____

____

2. Uwe ist erleichtert. „Wie praktisch, dass es solche Beratungsstellen gibt", meint er. In diesem Gespräch erfährt er außerdem: **Verbraucherberatungsstellen haben folgende Aufgaben:**

____

____

____

____

____

CD-BRENNER — STIFTUNG WARENTEST

test Juni 2001

	Mittlerer Preis in Euro ca.	Preisspanne in Euro ca.	Brennen	Lesen	Handhabung	test-QUALITÄTSURTEIL
Gewichtung			40 %	25 %	35 %	
INTERNE BRENNER						
Plextor Plexwriter 16/10/40A	302	271 bis 332	++	++	+	**SEHR GUT** (1,4)
Brainwave CRD-BP1400PN	286	1)	++	++	+	**GUT** (1,7)
TDK CyClone CYC161032	327	307 bis 363	+	++	+	**GUT** (1,7)
Aopen CRW 1232 A	189	169 bis 230	+	+	+	**GUT** (1,9)
Ricoh MP 7125 A-DP	233	199 bis 266	+	+	+	**GUT** (1,9)
Teac CD-W512E	240	197 bis 281	+	+	+	**GUT** (1,9)
Sony CRX160E-RP	202	179 bis 256	+	+	+	**GUT** (2,0)
Yamaha CRW-2100E VK	266	230 bis 307	○	+	++	**GUT** (2,1)
Mitsumi CR 4805TE	166	143 bis 205	○	+	+	**GUT** (2,2)
Philips PCRW804K/10	164	135 bis 205	○	+	+	**GUT** (2,3)
Hewlett-Packard CD Writer Plus 9510i	233	189 bis 307	+	+	○	**GUT** (2,4)
Traxdata CD-RW 8432 Plus	151	143 bis 184	○	○	+	**GUT** (2,4)

Reihenfolge der Bewertung:
++ = sehr gut (0,5–1,5),
\+ = gut (1,6–2,5),
○ = befriedigend (2,6–3,5),
⊖ = ausreichend (3,6–4,5),
– = mangelhaft (4,6–5,5).

Bei gleicher Note Reihenfolge nach Alphabet.

1) Keine Preisspanne angegeben, da zu geringe Anzahl an Preisen ermittelt.

3. Susi Paulus möchte einen CD-Brenner kaufen. Sie informiert sich über das aktuelle Angebot in mehreren Fachgeschäften und Kaufhäusern. Dabei muss sie feststellen, dass die Auswahl riesig ist. Soll sie den billigsten Brenner kaufen? Sind teurere Brenner auch wirklich besser? Wer kann ihr bei ihrer Entscheidung helfen? Wie wäre die verbraucherbewussteste Entscheidung?

____

____

____

____

____

4. Setzen Sie im nachfolgenden Text folgende Begriffe ein: *verschiedenen, gemeinnützig, Preis- und Güteklasse, Industrie, Gewinn, unabhängigen, Untersuchungsmethoden, Herstellern.*

Die Stiftung Warentest wurde von der Bundesregierung als Stiftung des privaten Rechts gegründet. Sie ist ______________ und darf keinen ______________ erzielen. Bei Tests von Gütern werden in ______________ Geschäften mehrere Produkte zumeist einer gleichen ______________ gekauft. Von ______________ direkt werden keine Produkte angenommen. Untersuchungen im Auftrag der ______________ werden nicht durchgeführt. Untersucht werden alle Produkte grundsätzlich bei ______________ Spezialinstituten, nach den neuesten ______________.

5. Nennen Sie weitere **Beratungsmöglichkeiten für Verbraucher.**

____

____

____

Die wichtigste wettbewerbsrechtliche Regelung ist das **Gesetz gegen den unlauteren Wettbewerb (UWG).** Es soll den Verbraucher vor dem wettbewerbswidrigen Verhalten einzelner Waren- und Dienstleistungsanbieter schützen. Überprüfen Sie die nachfolgenden Fälle und nennen Sie das jeweils geltende Verbot nach dem UWG.

Fall	Verbot im Rahmen des UWG
1. Der Friseursalon Glatz wirbt in der Lokalpresse mit folgender Anzeige: **„Welchen Beruf hat Ihr Friseur?“** Kunden des Salon Schick hören diese Frage öfters, unsere Kunden nie.	
2. Ein Bekleidungsmarkt veranstaltet schon seit fünf Monaten einen Räumungsverkauf wegen Geschäftsaufgabe. Trotz hoher Verkaufsumsätze werden die angebotenen Textilien nicht weniger.	
3. Frau Liebig macht einen Einkaufsbummel. Von einem aufdringlichen Vertreter wird sie auf der Straße angesprochen. Der Vertreter überredet sie einem Buchclub beizutreten und vierteljährlich Bücher für mindestens 30 € zu bestellen. Zu Hause angekommen, bereut sie diese Entscheidung.	
4. Carola erhält unbestellt einen Kunstkalender zugeschickt.	
5. Die Brauerei Pichler verkauft ihr Bier unter dem Werbeslogan: „Das beste Bier der Welt!“	
6. Ein Limonadenfabrikant füllt seine Limonade in Coca-Cola-Flaschen ab.	
7. Eine Metzgerei bietet importierte Hähnchen als „Deutsche Freilandhähnchen“ an.	
8. Ein Verbrauchermarkt verkauft Gemüsemais in Dosen unter folgendem Angebot: 1 Dose 0,44 € **3 Dosen 1,35 €**	
9. Der Wirt Arno Specht wirbt in der Zeitung mit folgendem Angebot: „1/2 Liter Bier nur 0,50 €!“ Beim Besuch des Lokals erfährt der Gast, dass dieser Preis nur gilt, wenn gleichzeitig ein Essen im Wert von mindestens 10 € bestellt wird.	
10. Ein Verlag verschickt eine Werbung für sein neues Unternehmenshandbuch. In der Werbebroschüre ist eine Liste gescheiterter Unternehmen veröffentlicht zusammen mit der Frage: „Wollen Sie der Nächste sein?“	

… versichert gegen Hundebisse jeder Art; ausgenommen sind lediglich
a) Bisse von männlichen Hunden,
b) Bisse von weiblichen Hunden.
Kastrierte Hunde fallen nicht unter den Begriff Hund …

Das BGB enthält Vorschriften über **„Allgemeine Geschäftsbedingungen“.** Geben Sie bei den nachfolgenden Fällen an, gegen welche Bestimmungen des BGB verstoßen wurde.

Beispiele:	**Gegen welche Bestimmungen des BGB zur Regelung der „Allgemeinen Geschäftsbedingungen“ wurde verstoßen?**
Herr Sorg hat sich von der Firma Scheuermann einen neuen Blitzableiter installieren lassen. Nach 6 Monaten erscheint Herr Scheuermann um den Blitzableiter „zu warten“. Als Herr Sorg dies ablehnt, erklärt Herr Scheuermann, dass aufgrund seiner Allgemeinen Geschäftsbedingungen mit jeder Blitzableiterinstallation automatisch ein zehnjähriger Wartungsvertrag für diesen abgeschlossen worden sei.	
Karin Knolle bestellt beim Modeversandhaus Bruch eine 199 € teuere Lederjacke. Zwei Wochen später, bei Lieferung, soll sie 228 € bezahlen. Das Versandhaus behauptet, Karin müsse aufgrund der AGB der Firma eine eventuelle Preiserhöhung während der Lieferzeit hinnehmen.	
Sabine Schnell bestellt im September beim Modeversand Bruch einen Wintermantel. Nachdem der Mantel im Februar noch nicht geliefert ist, möchte sie die Bestellung rückgängig machen. Firma Bruch verweist auf ihre AGB, nach denen ein Vertragsrücktritt nicht möglich sei.	
Klaus Staiger kauft bei der Elektrohandlung Blitzer einen MP3-Player für 80 €. Nach vier Monaten setzt das Gerät aus. Als Klaus das Gerät zurückbringt, erklärt ihm Herr Blitzer, dass seine Firma eine Garantie nur für drei Monate übernehmen würde.	
Frau Krause hat in einem Fachgeschäft eine neue Waschmaschine gekauft. Als die Maschine nach drei Monaten defekt ist, verlangt sie ein neues Gerät. Der Händler verweist auf seine Allgemeinen Geschäftsbedingungen. Er ist lediglich bereit eine Reparatur vorzunehmen, und zwar für eine Kostenpauschale von 100 €.	

Teilzahlungsgeschäfte

1. Udo Häcker möchte einen Computer kaufen. Der Händler räumt zwei verschiedene Zahlungsmöglichkeiten ein:
- 1000 € bei Barzahlung, unter Abzug von 3 % Skonto.
- Zahlung in 24 Monatsraten zu 60 €.

Wie teuer ist der Computer bei Barzahlung?

Wie teuer ist der Computer bei Teilzahlung (Ratenkauf)?

Welche Vorteile bietet die Teilzahlung dem Käufer?

Welche Nachteile hat die Teilzahlung für den Käufer?

Welche besonderen gesetzlichen Regelungen zum Schutz des Käufers gelten bei einem Ratenkauf?

Haustürgeschäfte

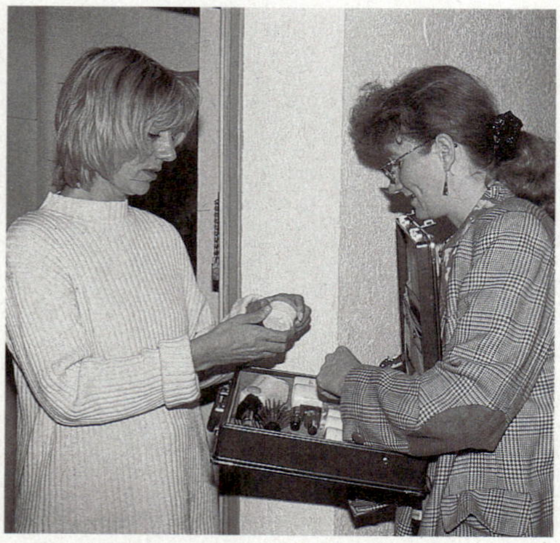

2. Auch bei so genannten Haustürgeschäften hat der Käufer ein zweiwöchiges Rücktrittsrecht. Welche Geschäfte fallen unter den Begriff Haustürgeschäfte? Nennen Sie drei Beispiele.

3. Nennen Sie zwei Fälle, in denen der Käufer den Schutz des BGB über den **Widerruf von Haustürgeschäften** nicht in Anspruch nehmen kann.

Produkthaftungsgesetz

4. Udo Radelmann hat ein neues Trekkingrad gekauft. Bereits bei der ersten Radtour versagen wegen eines Materialfehlers die Bremsen. Udo knallt auf ein parkendes Auto und wird ins Krankenhaus eingeliefert. Prüfen Sie, ob Udo Ansprüche nach dem Produkthaftungsgesetz geltend machen kann.

5. In welchen Fällen werden Privatkäufer durch das BGB bei **Fernabsatzgeschäften** geschützt?

6. Bearbeiten Sie die folgenden Fälle zum Thema Teilzahlungsgeschäfte, Haustürgeschäfte, Produkthaftung:

Fall	Lösung
Herr Kränklich nimmt ein Grippemittel ein. Da das Mittel heftige Allergiereaktionen auslöst, muss er 14 Tage im Krankenhaus behandelt werden. Herr Kränklich meint, dies wäre ein klarer Fall für das Produkthaftungsgesetz. Hat Herr Kränklich Recht?	
Herr Pfiffig wird beim Bummel durch die Fußgängerzone von Berghausen von zwei freundlichen Mitarbeitern des Europa-Buchklubs angesprochen. Da sie für die Mitgliedschaft ein besonderes Angebot machen, unterschreibt er sofort. Zu Hause bereut er seine Entscheidung. Wie beurteilen Sie den Fall?	
Plötzlich klingelt es an der Wohnungstür. Frau Saubermann steht einem jungen Mann gegenüber, der die „neueste Erfindung auf dem Gebiet der Teppichreinigung" anpreist. Überredet bestellt sie das Gerät für 149,50 €. Am nächsten Tag plagen sie erhebliche Zweifel. Sie beschließt deshalb, ihr Rücktrittsrecht in Anspruch zu nehmen. Wie sollte Frau Saubermann in diesem Fall vorgehen?	

Das außergerichtliche Mahnverfahren

1. Das nachfolgende Schaubild zeigt den möglichen **Ablauf des außergerichtlichen Mahnverfahrens.** Tragen Sie jeweils die Maßnahme ein, die Sie für angemessen und sinnvoll halten.

Die Zahlung einer Rechnung steht seit 2 Wochen aus. →	Nach Ablauf von 2 weiteren Wochen hat der Schuldner immer noch nicht bezahlt. →	Nach einer weiteren Woche zeigt der Schuldner immer noch keine Reaktion.	**Zeitlicher Ablauf**
______	______	______	**Angewendete Maßnahmen**
______	______	______	**Formulierung/ Inhalt**

Gerichtliches Mahnverfahren und Zwangsvollstreckung

2. Vervollständigen Sie die Abbildung über den **Ablauf des gerichtlichen Mahnverfahrens** und ergänzen Sie den Lückentext auf der folgenden Seite.

Gläubiger beantragt → ______

↓

durch das Gericht → **Erlass und Zustellung**

↓

Schuldner

↓ ______ → **Verfahren beendet** | ↓ ______ | ↓ **erhebt** ______ → (**auf Antrag**) → **mündliche Verhandlung**

Gläubiger beantragt → ______

↓

Schuldner

↓ ______ → **Verfahren beendet** | ↓ ______ | ↓ **erhebt** ______ → (**von Amts wegen**) → **mündliche Verhandlung**

mündliche Verhandlung ↓ ______ → **ermöglicht** →

durch das Gericht → ______

Beim Amtsgericht beantragt der Gläubiger den Erlass eines ______________. Das Amtsgericht leitet den Mahnbescheid dem ______________ zu. Dieser hat nun drei Möglichkeiten: Er kann ______________, dann ist das Verfahren beendet. Zu einer ______________ kann es kommen, wenn der Schuldner ______________ erhebt. Reagiert der Schuldner überhaupt nicht, dann kann der Gläubiger einen ______________ beantragen. In diesem Fall hat der Schuldner ebenfalls ______ verschiedene Möglichkeiten: Er kann ______________ und damit das Verfahren beenden, er kann ______________ erheben, der wiederum zu einer ______________ führt. Wenn er den Vollstreckungsbescheid nicht beachtet, dann kann die Forderung zwangsweise durch den ______________ eingetrieben werden. Dieser ______________ das Vermögen des Schuldners, indem er leicht bewegliche Gegenstände wie z. B. Schmuck einfach ______________. Schwer zu transportierende Gegenstände belässt er zunächst beim Schuldner und versieht sie mit einem ______________. Die gepfändeten Sachen werden durch eine ______________ verwertet. Reicht der ______________ erlös nicht aus oder verlief die Pfändung erfolglos, dann kann der Gläubiger beantragen, dass der Schuldner ein Vermögensverzeichnis aufstellt und darüber eine ______________ ______________ abgibt. Jeder, der diese Versicherung abgeben musste, wird in ein ______________ beim Amtsgericht aufgenommen. Da man entsprechende Eintragungen auf Antrag erfahren kann, verliert ein Schuldner durch diese Eintragung seine ______________ würdigkeit.

3. Nicht alle Vermögenswerte des Schuldners dürfen gepfändet werden. Geben Sie an, ob die folgenden Vermögenswerte pfändbar sind oder nicht.

Vermögenswert	pfändbar/nicht pfändbar/teilweise pfändbar
wertvolles Gemälde	
Geige eines Musikers	
Briefmarkensammlung	
Fernsehgerät	
PC und Drucker eines Journalisten	
Lohn eines Facharbeiters	
Videokamera	
Nerzmantel	

4. Erläutern Sie die folgende Abbildung.

Das Klageverfahren

4. Ergänzen Sie das Schaubild über den Ablauf eines Zivilprozesses durch folgende Begriffe:
zuständiges Gericht, Klageschrift, Beklagter, Klageschrift, Vergleich, Verhandlung, Kläger, Urteil, Klagerücknahme, Versäumnisurteil (Klage wird abgewiesen), Versäumnisurteil (Klage wird stattgegeben).

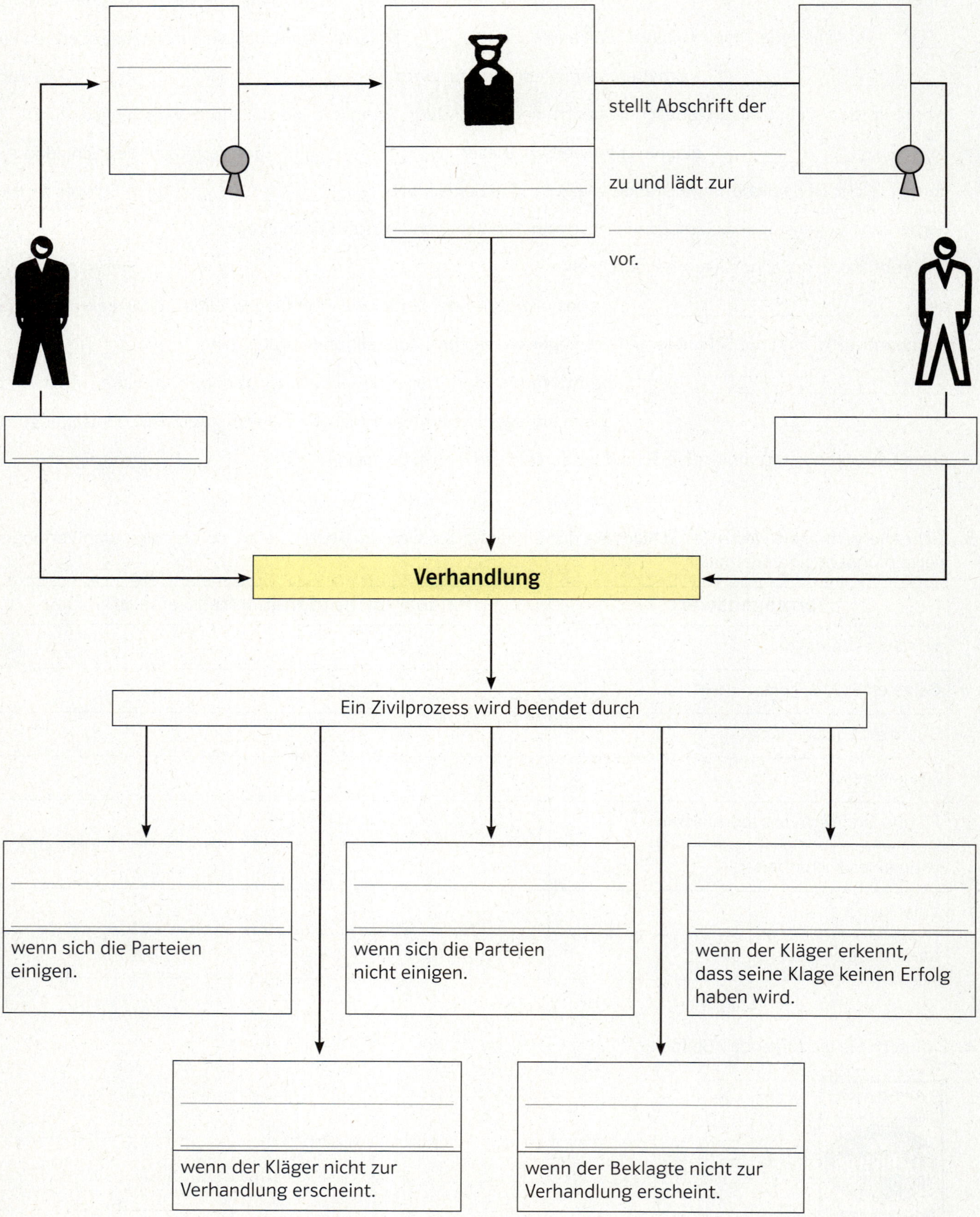

Zahlungsarten

1. Harry Häcker räumt seinen Schreibtisch auf; unter anderem möchte er seine bezahlten Rechnungen abheften und noch ausstehende Zahlungen erledigen.

① Dem Bäcker um die Ecke schuldet er 7 €, da er die Geldbörse vergessen hatte.
② Das Fitness-Studio teilt mit, dass sein Monatsbeitrag auf 40 € erhöht wurde.
③ Seiner Nichte will er eine Geburtstagskarte und 50 € zukommen lassen.
④ Die Rechnung des Flaschners für den neuen Wasserhahn beträgt 174,50 €.
⑤ Seine Nachbarin hat für eine Nachnahmesendung 100 € ausgelegt, Harry hat nicht soviel Bargeld, möchte seine Schulden aber sofort bezahlen.
⑥ Die neue Jeanshose (49 €) hat er mit der ec-Karte an der Kaufhauskasse bezahlt.
⑦ Den Strafzettel über 20 € hat er sofort bei der nächsten Bank beglichen.

Man unterscheidet drei verschiedene **Zahlungsarten.**
Stellen Sie fest, welche Zahlungsart jeweils vorliegt und ergänzen Sie die Übersicht um weitere Beispiele.

____

Es wird **kein Konto** verwendet, da der Zahler Bargeld benutzt.

↓

Beispiele:

____

Es wird **ein Konto** verwendet, entweder das Konto des Zahlers **oder** das des Empfängers.

↓

Beispiele:

____

Konto

Es wird **Beide,** sowohl Zahler als auch Empfänger, verwenden ein **Konto.**

↓

Beispiele:

2. Kreuzen Sie an, wer bei den folgenden Zahlungsarten ein Konto benötigt. Kreuzen Sie außerdem an, ob eine Barzahlung, eine halbbare oder eine bargeldlose Zahlung vorliegt.

Beispiel	Zahler hat Konto	Zahlungsempfänger hat Konto	Keiner hat Konto	Barzahlung	halbbare Zahlung	bargeldlose Zahlung
Geldversand der Postbank			×	×		
Zahlschein						
Express-Brief						
Banküberweisung						
Barscheck						
Verrrechnungsscheck						
Dauerauftrag						

Die Barzahlung

3. Harry Häcker, Platinenweg 5, 76327 Berghausen, verkauft seinen gebrauchten Motorroller für 500 € gegen bar an Herrn Alfred Sorg, Kelterstr. 10, 98302 Neustadt. Herr Sorg möchte, dass Harry die Zahlung quittiert.

Quittung

Netto	EUR	Cent	Nr.
+ % MwSt.	EUR	Cent	
Gesamt	EUR	Cent	

Gesamtbetrag EUR in Worten Cent wie oben

(Im Gesamtbetrag sind ____ % Mehrwertsteuer enthalten)

von

für

Betrag dankend erhalten.

Ort / Datum

Buchungsvermerke / Stempel/Unterschrift des Empfängers

sigel Formular

a) Füllen Sie anhand der bekannten Angaben den nebenstehenden Quittungsvordruck aus.

b) Weshalb sollten Käufer immer eine Quittung oder einen Kassenzettel verlangen?

Girokonto

4. a) Harry Häcker sucht ein preiswertes Girokonto. In der Tageszeitung fällt ihm die nebenstehende Anzeige auf. Welche Unterlagen benötigt er zur Kontoeröffnung?

b) Welche Besonderheiten wären zu beachten, wenn Harry erst 17 Jahre alt wäre?

DIE KONTO-ERÖFFNUNG IST GANZ EASY.

WICHTIG!
Für Schüler, Auszubildende und Studenten führen wir das Girokonto kostenlos und mit 2 % Guthabenverzinsung!

5. Über jede Veränderung auf dem Girokonto informiert der **Kontoauszug**.

a) Welche Beträge stehen in der Soll-Spalte des Kontoauszuges, welche in der Haben-Spalte?

Kontonummer	Wert	Text	Umsätze Soll	Umsätze Haben
1234567890	28.04.	Überweisung	174,50	
	30.04.	Ausbildungs-vergütung		476,50
Bank in Berghausen	30.04.	Dauerauftrag	40,00	
	30.04.	Lastschrift, Telekom	48,94	
	02.05.	Scheck 834567	180,00	
	03.05.	Lastschrift, Kaufmarkt	49,00	

Herrn
Harry Häcker
Platinenweg 5

76327 Berghausen

Alter Saldo: H 210,05

H 194,11

Buch.-Datum	Auszug-Nr.	Blatt-Nr.
04.05.08	36	1

b) Worüber informiert die Wertstellung?

c) Überprüfen Sie, ob die Zahlungen aus Aufgabe 1 von der Bank richtig verbucht worden sind.

6. Harry Häcker kann sein kostenloses Girokonto für Auszubildende nicht mehr beanspruchen. Deshalb sucht er eine neue Bankverbindung. Ermitteln Sie, welche Bank billiger ist, wenn er pro Monat etwa 5 Überweisungen ausführt und durchschnittlich 500 € auf dem Konto hat. Bankgeschäfte will er größtenteils mit dem PC erledigen. Außerdem möchte er eine Kundenkarte und eine Kreditkarte.

Preisverzeichnis von Bank A

Die kostenlose Kontoführung enthält:
- Alle Buchungen wie Überweisungen, Lastschriften, Scheckeinrichtungen, Bareinzahlungen
- Daueraufträge einrichten
- Kontoauszug am Kontoauszugsdrucker
- Onlinebanking

Besonderheiten:
- Guthaben werden nicht verzinst
- Kundenkarte 5 €, Kreditkarte 20 €
- Zusendung eines Monatsauszuges 1 €

Preisverzeichnis von Bank B

Die Monatspauschale von 3 € enthält:
- Alle Buchungen wie Überweisungen, Lastschriften, Scheckeinreichungen, Bareinzahlungen
- Daueraufträge einrichten
- Kundenkarte und Kreditkarte
- Kontoauszug am Kontoauszugsdrucker
- Onlinebanking
- Zusendung eines Monatsauszuges

Besonderheiten:
- Homebanker erhalten für jeden Onlinevorgang 0,20 € Rückerstattung, maximal 5 € pro Monat
- 1,5% Guthabenzins

Zahlung mit Überweisung oder Zahlschein

7. Sie erinnern sich: Harry Häcker hat seinen Motorroller für 500 € verkauft. Mit diesem Geld will er die Frima Volt per **Überweisung** bezahlen. Er überweist den Rechnungsbetrag von seinem Girokonto, Nr. 1234567890, bei der Baden-Württembergischen Bank, Bankleitzahl 60050101. Füllen Sie den nachfolgenden Überweisungsauftrag anhand der Rechnung aus.

Elektronikversand – Spezialgeschäft für Elektronik und Computer **Herbert Volt**

Herrn
Harry Häcker
Platinenweg 5

76327 Berghausen

Breitenbachplatz 12
14195 Berlin 30
Telefon (01-00) 56-73-45, Fax (01-00) 56-45-67
Bankkonto:
Deutsche Bank AG Berlin 20-036-672
BLZ 100-302-50

Rechnung Nr. 3561 vom 07.06.08

Menge	Artikel	Preis €
1	Computermonitor TFT 300	349,00
1	Anschlusskabel	9,50
	+ 19% Mehrwertsteuer	68,12
	Gesamtpreis, zahlbar innerhalb von 30 Tagen	426,62

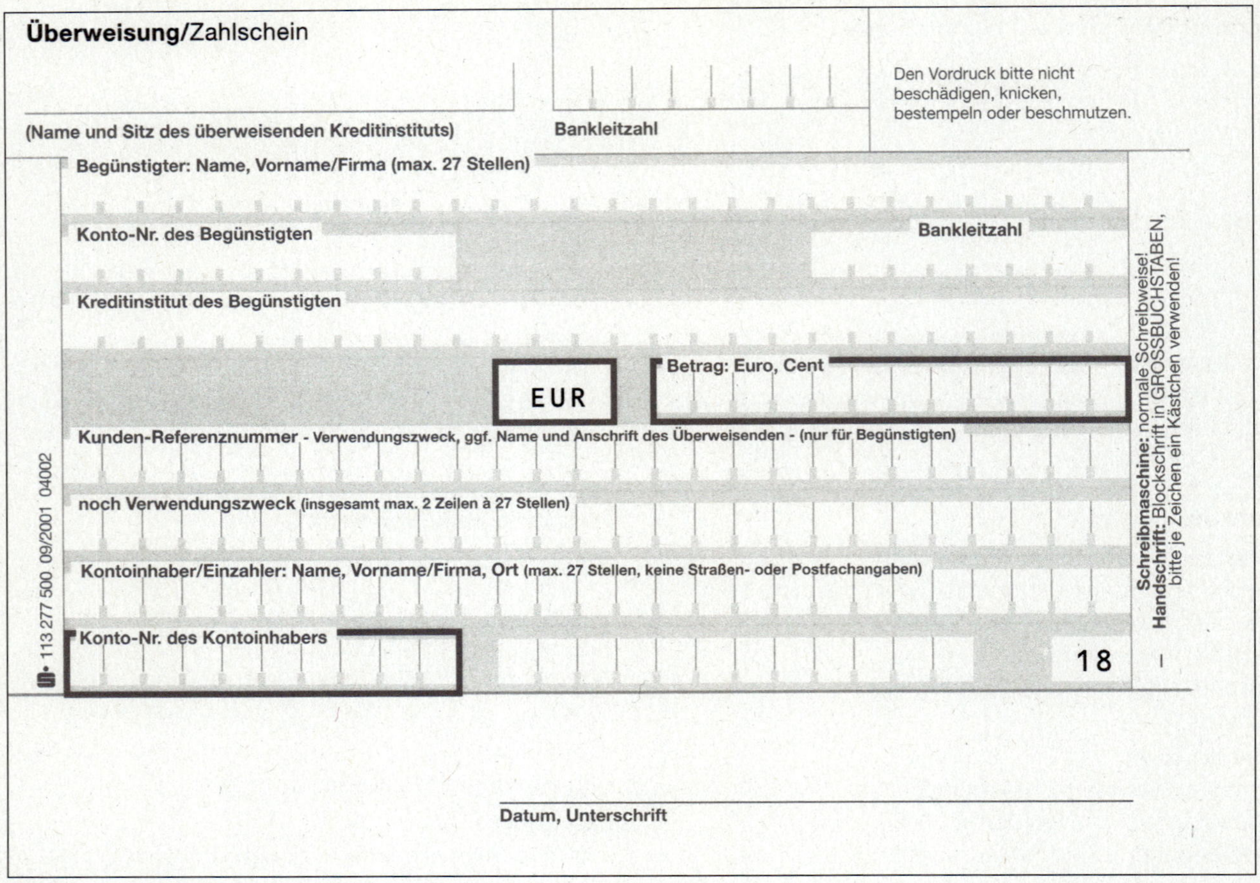
Überweisung/Zahlschein

(Name und Sitz des überweisenden Kreditinstituts)

Bankleitzahl

Den Vordruck bitte nicht beschädigen, knicken, bestempeln oder beschmutzen.

Begünstigter: Name, Vorname/Firma (max. 27 Stellen)

Konto-Nr. des Begünstigten

Bankleitzahl

Kreditinstitut des Begünstigten

EUR

Betrag: Euro, Cent

Kunden-Referenznummer - Verwendungszweck, ggf. Name und Anschrift des Überweisenden - (nur für Begünstigten)

noch Verwendungszweck (insgesamt max. 2 Zeilen à 27 Stellen)

Kontoinhaber/Einzahler: Name, Vorname/Firma, Ort (max. 27 Stellen, keine Straßen- oder Postfachangaben)

Konto-Nr. des Kontoinhabers

18

Schreibmaschine: normale Schreibweise!
Handschrift: Blockschrift in GROSSBUCHSTABEN, bitte je Zeichen ein Kästchen verwenden!

113 277 500 09/2001 04002

Datum, Unterschrift

8. Wie muss Harry vorgehen, wenn er das oben abgebildete Formular als **Zahlschein** verwenden möchte?

____

9. Ergänzen Sie die Aussagen über den **Dauerauftrag** und die **Einzugsermächtigung (Lastschriftverfahren).**

Ein **Dauerauftrag** dient zur Zahlung von ____

____

____

Eine schriftliche **Einzugsermächtigung (Lastschriftverfahren)** ist sinnvoll, wenn Zahlungen ______________

____

____

____

____

Die Einzugsermächtigung kann jederzeit schriftlich ____________________ werden. Unberechtigt abgebuchte Zahlungen müssen sofort zurückgebucht, wenn der Kontoinhaber ____________________ .

Zahlung mit Scheck

10. Harry hat seine ursprüngliche Absicht geändert. Er möchte der Firma Volt lieber einen Scheck zusenden. Füllen Sie das abgebildete Scheckformular aus und verwenden Sie die Angaben aus der Rechnung (siehe Aufgabe 7).

BW|Bank
Baden-Württembergische Bank

Stuttgart

DE

Zahlen Sie gegen diesen Scheck

EUR

Betrag: Euro, Cent

Betrag in Buchstaben

noch Betrag in Buchstaben

Ausstellungsort

an

oder Überbringer

Datum

Unterschrift des Ausstellers

102100755 5/05 MB 2000

Der vorgedruckte Schecktext darf nicht geändert oder gestrichen werden. Die Angabe einer Zahlungsfrist auf dem Scheck gilt als nicht geschrieben.

Scheck-Nr.	Konto-Nr.	Betrag	Bankleitzahl	Text
0000500453796	1234567		60050101	01

Bitte dieses Feld nicht beschriften und nicht bestempeln

11. Ein Kollege rät Harry, auf keinen Fall einen Barscheck zu versenden, sondern nur einen **Verrechnungsscheck.** Wandeln Sie den vorstehenden Scheck in einen Verrechnungsscheck um und erläutern Sie Ihre Vorgehensweise.

12. Welcher Unterschied besteht zwischen einem **Verrechnungsscheck** und einem **Barscheck?**

Zahlung mit Karten

13. Beschreiben Sie den Zahlungsvorgang bei der abgebildeten bargeldlosen Zahlungsmöglichkeit.

14. Erläutern Sie den abgebildeten Zahlungsvorgang mit **electronic cash.**

Photo Baumann
STUTTGART KOENIGSTRASSE

KONICA KAMERA 208000348447	239,95
BEREITSCHAFTSTASCHE 208000348449	35,00
TOTAL:	274,95

ec-Karte : 274,95
BLZ : 60030512
Konto-Nr. : 00000912789

0293 010017 216 29.04.08 16:21
VIELEN DANK FUER IHREN EINKAUF

① Der Verkäufer tippt den ____________ in die Kasse ein.

② Die Kundenkarte wird in das ____________ geschoben.

③ Der Kunde tippt seine ____________ .

④ Nach Überprüfung der ____________ wird der Betrag vom ____________ .

⑤ Der Kunde erhält einen ____________ .

15. Vervollständigen Sie den Lückentext über die Zahlung mit **Kreditkarte** durch folgende Begriffe: *abbuchen, Kreditkarte, Durchschlag, Rechnungen, Kontrolle, Girokonto, unterschreibt, Kartengesellschaft*

Der Kartenkunde legt seine ____________ vor. Mit einem speziellen Gerät werden die Kartendaten auf der Rechnung abgedruckt. Der Kunde ____________ die Rechnung und erhält einen ____________ zu seiner ____________ . Je nach Abrechnungszeitraum der ____________ erhält er dann eine Abrechnung über alle ____________ die in diesem Zeitraum angefallen sind. Die Kartengesellschaft verfügt über eine Einzugsermächtigung und lässt den Gesamtbetrag vom ____________ des Karteninhabers ____________ .

16. Vervollständigen Sie die Zusammenfassung über die Zahlung mit Karten.

Zahlung mit Karten

- ____________ **Zahlung mit** ____________ ____________
- ____________ (weltweit) **Zahlung mit** ____________ ____________
- ____________ (= **P**oint **o**f **S**ale – ohne **Z**ahlungsgarantie **Zahlung mit** ____________ ____________
- ____________ **Zahlung mit** ____________ ____________
- ____________ **Zahlung mit** ____________ ____________

17. In der Schalterhalle von Harrys Bank hängt nebenstehendes Plakat, mit dem für **Homebanking** oder **Internetbanking** geworben wird.
Welche Ausrüstung benötigt Harry, wenn er am Internetbanking teilnehmen möchte?

____

____

____

Der Binnenwert des Geldes

1. Die Kaufkraft drückt den Wert des Geldes aus.

Beispiel einer Geldwertverschlechterung		
	Preise steigen Für Waren, die 1950 100 DM kosteten, musste man bezahlen	**Geldwert sinkt** Für eine Mark bekam man also 1985 soviel wie früher für:
1950:	100,–	0,33
1955:	110,–	0,36
1960:	121,–	0,40
1965:	138,–	0,46
1970:	155,–	0,51
1975:	208,–	0,68
1980:	251,–	0,83
1985:	303,–	1,–

a) Erläutern Sie, was man unter der **Kaufkraft** versteht.

b) Wie hat s ch die Kaufkraft zwischen 1950 und 1985 entwickelt?

2. Die Kaufkraft ist abhängig von der allgemeinen Preisentwicklung Ergänzen Sie die Schaubilder.

Entwicklung der Kaufkraft

↑ Preise

↓ sinkt

Entwicklung der Kaufkraft

↓

↑ Kaufkraft

3. a) Wie werden **Kaufkraftveränderungen** gemessen?

b) Erläutern Sie in diesem Zusammenhang, was man unter dem **Warenkorb** versteht.

Inflation und Deflation

1. Nachfolgend sehen Sie zwei Beispiele über die Entwicklung des Geldwertes. Ergänzen Sie die fehlenden Textstellen.

Beispiel 1
Für 100 DM erhielt ein Käufer:

1989
1990
1991
1992

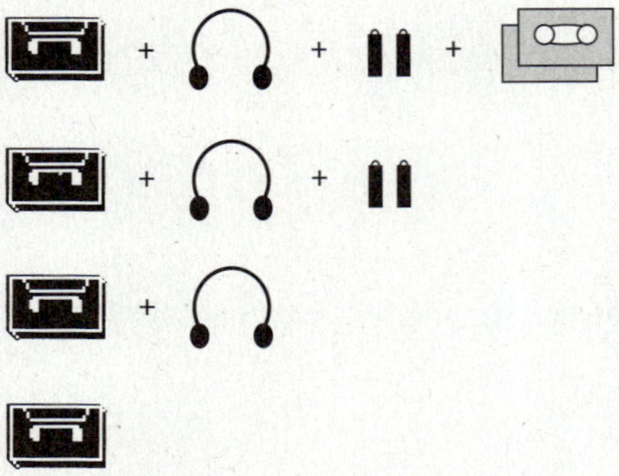

Der Käufer erhält für den gleichen Geldbetrag ____________ Güter .

Diese Entwicklung des Geldwerts nennt man

____

Beispiel 2
Für 100 DM erhielt ein Käufer:

1989
1990
1991
1992

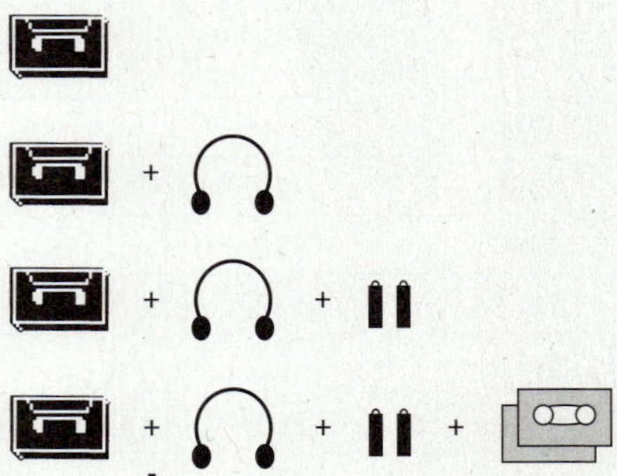

Der Käufer erhält für den gleichen Geldbetrag ____________ Güter.

Diese Entwicklung des Geldwerts nennt man

____

2. Inflation und Deflation entstehen, wenn sich das Verhältnis zwischen der Gütermenge und der Geldmenge eines Staates verändert. Ergänzen Sie die Übersicht.

Geld-menge ↔ **Güter-menge**

Die Preise ____________

Der Geldwert ____________

Dies führt zur

____

Mögliche Ursachen dieser Entwicklung:

____
____
____
____
____
____

Geld-menge ↔ **Güter-menge**

Die Preise ____________

Der Geldwert ____________

Geld-menge ↔ **Güter-menge**

Die Preise ____________

Der Geldwert ____________

Dies führt zur

____

Mögliche Ursachen dieser Entwicklung:

____
____
____
____
____
____

3. Welche Auswirkungen haben Inflation und Deflation? Vervollständigen Sie die Übersicht.

Auswirkung einer Inflation		Auswirkung einer Deflation
	← auf **Verbraucher** →	
	← auf **Sparer** →	
	← auf **Gläubiger u. Schuldner** →	

4. Überlegen Sie, welche Nachteile eine Deflation bringt.

Nachteile einer Deflation		
für Arbeitnehmer	**für Unternehmer**	**für den Staat**

5. Ergänzen Sie den Lückentext über die **Arten einer Inflation.**

Preisentwicklung für 1 kg Roggenbrot in Berlin	
Januar 1919	0,54 Mark
Dezember 1921	3,90 Mark
Dezember 1922	163,15 Mark
März 1923	463,00 Mark
Juni 1923	1 428,00 Mark
Juli 1923	3 465,00 Mark
August 1923	69 000,00 Mark
September 1923	1 512 000,00 Mark
Oktober 1923	1 743 000 000,00 Mark
November 1923	201 000 000 000,00 Mark

Die beiden Abbildungen zeigen die Entwicklung einer ______________________ Inflation. Sie liegt vor, wenn die jährlichen Preissteigerungsraten über 20 % liegen. Beispiele: Deutschland 1923, viele südamerikanische Länder.

Von einer ______________________ Inflation spricht man, wenn die jährlichen Preissteigerungen gering sind.

Wechselkurse

Devisen- und Banknotenkurse				
Devisenkurse (1 € entspricht)			**Banknoten** (in €)	
	Geld	Brief	Geld [1]	Brief [2]
1 US-$	1,5612	1,5672	0,62	0,66
1 Brit. £	0,7872	0,7912	1,22	1,30
100 sfr	1,5799	1,5839	61,67	64,49
1 Can. $	1,5863	1,5983	0,6000	0,66
100 dkr	7,4377	7,4777	12,81	13,89
100 nkr	8,0524	8,1004	11,80	13,20
100 skr	9,3558	9,4038	10,00	11,14

[1] Aus Sicht der Bank (der Kunde erhält für einen US-$).
[2] Aus Sicht der Bank (der Kunde zahlt für einen US-$).

1. Der Außenwert einer Währung wird bestimmt durch das Austauschverhältnis gegenüber anderen Währungen. Dieses Tauschverhältnis wird ausgedrückt durch den Wechselkurs. Erläutern Sie, was man unter dem **Wechselkurs** versteht.

____

____

____

____

____

Freie Wechselkurse

2. Wie die nachfolgende Abbildung zeigt, hat sich der Kurs des US-Dollars in den letzten Jahren ständig verändert. Freie Wechselkurse, wie der des amerikanischen Dollars, bilden sich an den Devisenbörsen durch **Angebot und Nachfrage** (= Floaten). Geben Sie bei den beiden Beispielen an, wie sich der Kurs entwickelt.

Kursentwicklung des US-Dollars							
Mai 2002:	1,09 €	Jan 2003:	0,94 €	Mai 2003:	0,86 €	Sept 2003:	0,89 €
Nov 2002:	1,00 €	März 2003:	0,93 €	Juli 2003:	0,88 €	Apr 2008:	0,66 €

Beispiel 1:

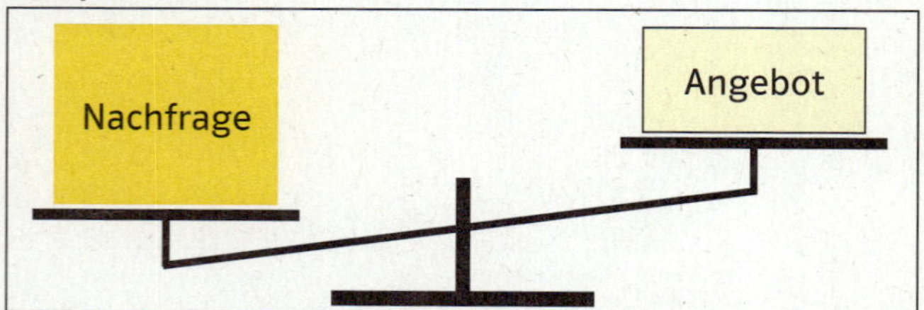

Folge: Der Kurs ______________

Beispiel 2:

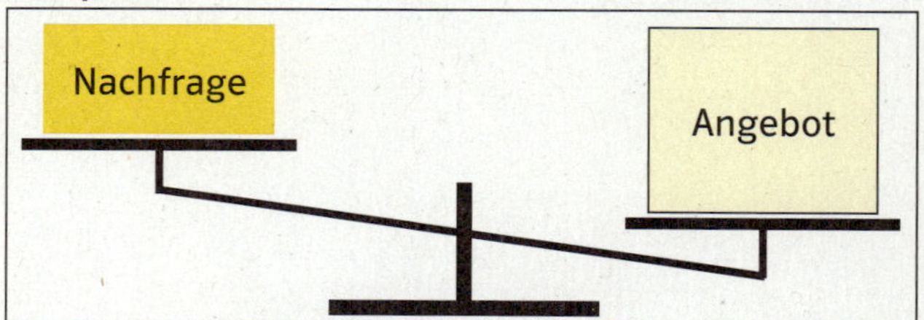

Folge: Der Kurs ______________

3. Welche Probleme entstehen bei den Unternehmen durch freie Wechselkurse?

____

____

____

4. Zeigen Sie am Beispiel des US-Dollars, welche Auswirkungen sich ergeben können, wenn der **Wechselkurs** einer Währung **steigt** oder **fällt**.

Der **Kurs** des US-Dollars ______________
Der Euro nimmt gegenüber dem US-Dollar an Wert zu.
______________ ______________

← Auswirkungen auf deutsche **Amerika-urlauber** →

Der **Kurs** des US-Dollars ______________
Der Euro verliert gegenüber dem US-Dollar an Wert.
______________ ______________

Der **Kurs** des US-Dollars ________		Der **Kurs** des US-Dollars ________
	Auswirkungen auf den **Import** (Einfuhr)	
	Auswirkungen auf den **Export** (Ausfuhr)	
	Mögliche Auswirkungen auf **Arbeitsmarkt** und **Konjunktur**	

Feste Wechselkurse – Europäisches Währungssystem

4. Bereits 1979 wurde das **Europäische Währungssystem (EWS)** geschaffen. Überlegen Sie, weshalb die Staaten der EU sich damals auf feste Wechselkurse geeinigt haben.

____

5. Heute ist das **Europäische Währungssystem (EWS)** eine verbindliche Vorstufe zum Euro für EU-Staaten, die noch nicht an der Währungsunion teilnehmen konnten, sowie für neue EU-Mitglieder.
Der Kurs darf nur in engen Grenzen (sog. Bandbreite) von einem vereinbarten Leitkurs (= Parität) abweichen.
Ergänzen Sie das Schaubild durch folgende Begriffe:
kauft, Bandbreite, Parität, oberer Interventionspunkt, verkauft, unterer Interventionspunkt.

Die Europäische Zentralbank ____________ dänische Kronen

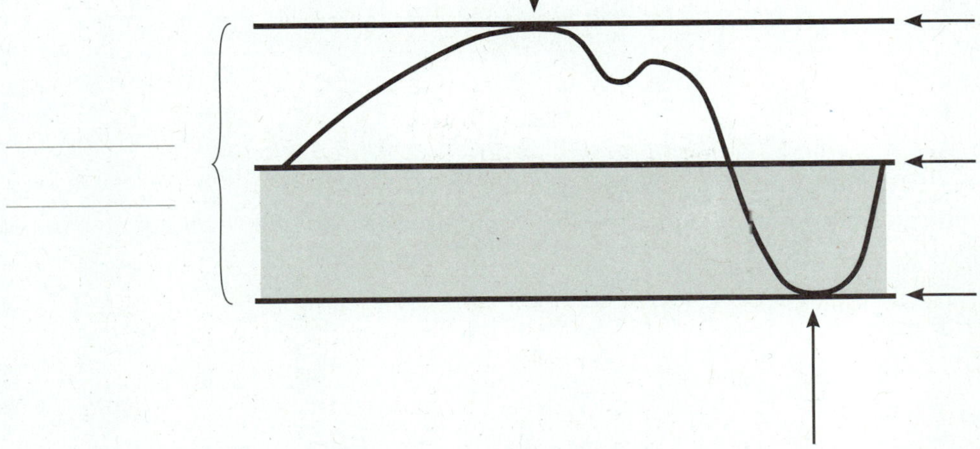

Die Europ. Zentralbank greift ein, um den Anstieg zu begrenzen.

____

____

____

Die Europ. Zentralbank greift zur Kursstützung ein.

____

Die Europäische Zentralbank ____________ dänische Kronen

Europäische Währungsunion

1. Mit der **Europäischen Währungsunion (EWU)** soll für die Mitgliedstaaten der Europäischen Union (EU) die einheitliche Währung Euro eingeführt werden. Welche Vorteile sehen Sie in einer einheitlichen europäischen Währung?

____

____

____

____

____

____

____

2. Wovon hängt die Teilnahme eines Landes an der Währungsunion ab?

____

____

____

____

____

____

____

3. Welche Länder haben diese Voraussetzungen erfüllt und nehmen an der Währungsunion teil (Stand 2008)?
Markieren Sie diese Länder zusätzlich farbig in der nebenstehenden Karte.

____

____

____

____

4. Welche EU-Länder haben sich entschieden, an der Währungsunion nicht teilzunehmen und statt dessen ihre nationalen Währungen zu behalten?

____

____

____

1. Manuela Clever hat eine Ausbildung als Bäckereiverkäuferin begonnen. Einen Teil ihrer Ausbildungsvergütung möchte sie zukünftig sparen. Dabei fragt sie sich, wozu man überhaupt spart und wie sie ihr Geld gut anlegen könnte. Ergänzen Sie die Übersicht.

Wofür spare ich?

Sparzweck

Wie kann ich das Geld gut anlegen?

Anlageform

2. Manuela Clever muss sich nun entscheiden, welche Anlageform bzw. welche Sparform sie wählt. Eine schwierige Entscheidung, die gut überlegt sein will. Von welchen Faktoren hängt die Wahl einer bestimmten Geldanlage ab?

Anlagekriterien

3. Nicht jede Sparform ist für jeden Zweck geeignet. Welche Sparformen würden Sie im folgenden Fall wählen?

Eva Nott, Friseurin, ist 18 Jahre alt. Sie erbt überraschend 20000 €. Erst vor drei Monaten hat sie einen Kredit zum Kauf eines Gebrauchtwagens aufgenommen. In einigen Jahren will sie die Meisterprüfung ablegen und einen eigenen Salon eröffnen.
Geeignete Sparform(en):
Begründung:

4. Ein Sparer hat sein Geld auf einem Sparkonto mit dreimonatiger Kündigungsfrist angelegt. Erläutern Sie, wie er über sein Geld verfügen kann.

____

____

____

5. a) Weshalb ist das **Aktiensparen** eine der risikohaftesten Sparformen?

____

____

b) Welche Gewinnmöglichkeiten bietet normalerweise eine Aktie?

____

____

Inhaberschuldverschreibung in Höhe von 100 € mit 5,0 % jährlicher Verzinsung

6. Weshalb gelten **festverzinsliche Wertpapiere** als sichere Geldanlage? Ergänzen Sie den Lückentext durch folgende Begriffe: *Kurs, Kredit, Unternehmung, Laufzeit, steigt, Einstandskurs, 100%igen, Kursschwankungen, fällt.*

Mit einer **Aktie** beteiligt man sich an einer ____________, ihrem Vermögen und ihren Fähigkeiten. Ändert sich beispielsweise deren Ertragsaussicht, dann kann sich der ________ verschlechtern, teilweise unter den ____________. Bei **festverzinslichen Wertpapieren** gewährt man dem Aussteller des Papiers einen ________. Nach Ablauf der vereinbarten ________ wird dieser in voller Höhe zurückgezahlt. Während der Laufzeit kann es zu ____________ ____________ kommen. Dies ist der Fall, wenn der Kapitalmarktzins gegenüber dem Wertpapierzins ____________ oder ____________. An der ____________ Endauszahlung ändert sich dadurch nichts.

Sparförderung

7. Vervollständigen Sie die Übersicht über die **staatliche Sparförderung** für einen ledigen Arbeitnehmer.

Anlageart	Merkmale	Ertrag	Festlegungsfrist
 ____________	____________ können pro Jahr begünstigt angespart werden. • der Bausparer hat Anspruch auf ein zinsgünstiges ____________	• ______ % Sparzulage von maximal 470 • ______ % Wohnungsbauprämie von maximal 512 €	• In der Regel ______ Jahre
 ____________ ____________	• ____________ pro Jahr können begünstigt angespart werden. • mit den Sparbeträgen werden Beteiligungspapiere gekauft, z. B.: ____________ ____________	• ______ % Sparzulage von maximal 400 €	• In der Regel ______ Jahre

1. Nennen Sie die drei wichtigsten **Kreditarten** für Privatpersonen.

2. Ergänzen Sie anhand der vorgegebenen Kriterien den Unterschied zwischen einem Anschaffungsdarlehen und einem Dispositionskredit (Überziehungskredit).

	Anschaffungsdarlehen (Ratenkredit):	**Dispositionskredit (Überziehungskredit):**
Kreditzweck		
Laufzeit		
Rückzahlung		
Zinssatz		
Abschluss (Form)		

3. Familie Berger will ein neues Auto kaufen und das alte in Zahlung geben. Insgesamt fehlen noch 5000,00 €. Diese sollen durch einen **Ratenkredit** finanziert werden. Die Familie hat jeden Monat folgende Einnahmen und Ausgaben:

Einnahmen:
- Nettoeinkommen 1993,50 €

Ausgaben:
- Miete inkl. Nebenkosten 670,00 €
- Lebenshaltungskosten 610,00 €
- laufende Kfz.-Kosten 240,00 €
- sonstige Ausgaben (Versicherungen, Sparverträge usw.) 165,00 €

a) Welchen Betrag hat Familie Berger jeden Monat zur freien Verfügung?

b) Die Bank macht folgendes Kreditangebot: 0,35 % Zins pro Monat, 2 % Bearbeitungsgebühr, Tilgung in 24 Monatsraten. Berechnen Sie den Rückzahlungsbetrag, die monatliche Kreditrate und beurteilen Sie die Kreditwürdigkeit der Familie.

Kreditbetrag

= **Rückzahlungsbetrag**

Monatliche Kreditrate:

Kreditwürdigkeit:

4. Eine wichtige Voraussetzung für jede Kreditgewährung ist das Vorhandensein von entsprechenden Sicherheiten. Geben Sie an, welche **Kreditsicherheit** jeweils zugrundegelegt wurde.

Martinas neuer Fernseher wurde mit einem Anschaffungsdarlehen finanziert. Das Gerät steht zwar in ihrer Wohnung, aber bis zur vollständigen Tilgung des Kredits gehört es der Bank.	Frau Bauers Arbeitgeber zieht jeden Monat vom Nettolohn noch die Raten für ihren Bankkredit ab.	Damit Klaus mit seiner geringen Ausbildungsvergütung ein Bankkredit zum Gebrauchtwagenkauf eingeräumt wird, verpflichten sich seine Eltern, notfalls die ausstehenden Raten zu übernehmen.
↓ ______________	↓ ______________	↓ ______________

5. Über drei Millionen Haushalte sind überschuldet. Wie sollten sich Kreditnehmer verhalten, die in Zahlungsschwierigkeiten sind?

____

____

____

6. Ergänzen Sie die Abbildungen über das **Zustandekommen eines Kreditvertrages.**

Der **Kreditgeber** (Bank, Sparkasse)

prüft ______________________________

z. B.: - Einkommen
- bereits vorhandene finanzielle Verpflichtungen bzw. Schulden des Kreditnehmers

↓

Verlangt unter Umständen zusätzliche Sicherheiten:

____

Der **Kreditnehmer** (Kunde)

Ermittelt die für ihn tragbare

____

↓

vergleicht verschiedene Kreditangebote bezüglich

____

Kredit-
vertrag

Arbeiten, wo andere Urlaub machen

Für unsere Filiale in Lindau suchen wir für sofort oder später eine/n tüchtige/n

Fleischereiverkäufer/in

Neben einer abgeschlossenen Berufsausbildung erwarten wir Grundkenntnisse im Partyservice. Es handelt sich um eine gut dotierte Stellung in einem modern eingerichteten Betrieb, die teamorientiertes Arbeiten voraussetzt. Sie sind engagiert und zielstrebig? Dann bieten sich beste Zukunftschancen. Vorbildliche Sozialleistungen, 5-Tage-Woche usw. sind für uns selbstverständlich. Ihre Bewerbung mit den üblichen Bewerbungsunterlagen senden Sie bitte an:

Schleckermann OHG, Hugo-Holzer-Str. 12, 88131 Lindau

1. Manuela Bauer hat soeben ihre Ausbildung zur Fleischereiverkäuferin abgeschlossen. Deshalb möchte sie sich für die angebotene Stelle bewerben. Erläutern Sie, was zu den üblichen **Bewerbungsunterlagen gehört.**

2. Aufgrund ihrer Bewerbung wird Manuela Bauer von der Schleckermann OHG zu einem Vorstellungsgespräch eingeladen. Welche Pflichten haben die Gesprächspartner beim **Vorstellungsgespräch?**

Pflichten des Einstellenden:

Pflichten des Bewerbers:

3. Manuela hat sich entschlossen, lieber eine Stelle in Italien anzutreten. Braucht sie hierzu eine italienische Arbeitserlaubnis?

1. Ergänzen Sie den Lückentext und stellen Sie fest, wer die Vertragspartner beim Arbeitsvertrag sind.

Der Abschluss eines Arbeitsvertrages ist ______________, d.h. es ist keine bestimmte Form vorgeschrieben. Jedoch verpflichtet das **Nachweisgesetz** den Arbeitgeber, die wichtigsten ____________________ schriftlich niederzulegen, zu unterschreiben und dem Arbeitnehmer auszuhändigen. Dadurch werden unnötige ____________________ verhindert und vereinbarte Ansprüche können ohne ____________________ durchgesetzt werden. Die Niederschrift muss mindestens folgende Punkte beinhalten:

____

Arbeitsvertrag

____

____

____

____

____

____

____

____

____

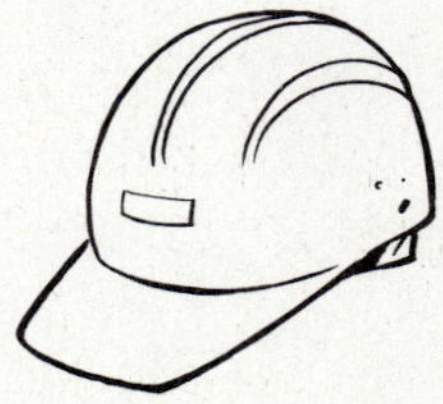

2. Ergänzen Sie das Schaubild.

Arbeitsvertrag

Pflichten des Arbeitgebers	**Pflichten des Arbeitnehmers**
____________________	____________________
____________________	____________________
____________________	____________________
____________________	____________________
____________________	____________________

3. Unterscheiden Sie zwischen einem einfachen und einem qualifizierten **Arbeitszeugnis.**

Arbeitszeugnis

einfaches Arbeitszeugnis	**qualifiziertes Arbeitszeugnis**
____________________	____________________
____________________	____________________
____________________	____________________

4. Beurteilen Sie die folgenden Formulierungen, die aus verschiedenen Arbeitszeugnissen stammen.

Die übertragenen Arbeiten wurden …

a)	… stets zur vollsten Zufriedenheit erledigt.	
b)	… zur Zufriedenheit erledigt.	
c)	… stets zur vollen Zufriedenheit erledigt.	
d)	… im Großen und Ganzen zur Zufriedenheit erledigt.	
e)	… zur vollen Zufriedenheit erledigt.	
f)	Er/sie hat sich bemüht, die Arbeiten zu unserer Zufriedenheit zu erledigen.	

5. Manfred Bayer war rund 4 Jahre als Abteilungsleiter in einem größeren Industriebetrieb tätig. Bei seinem Ausscheiden aus der Firma erhält er folgendes Arbeitszeugnis:

Arbeitszeugnis:

Herr Manfred Bayer, geboren am 25.3.1965 in Halle, ist am 1.7.2003 als Leiter der Abteilung Rechnungswesen in unser Unternehmen eingetreten.

Neben der Betriebsabrechnung und der Kalkulation umfasste sein Aufgabenbereich auch die innerbetriebliche Leistungsabrechnung der einzelnen Abteilungen. Am Anfang seiner Tätigkeit wurde unter seiner Leitung die vollständige Umstellung auf EDV vollzogen.

Aus organisatorischen Gründen wurde dieses Aufgabengebiet ab dem 1.11.2005 einem anderen Verantwortungsbereich unterstellt.

Während seiner Betriebszugehörigkeit hatte Herr Bayer die Gelegenheit, verschiedene Abteilungen unseres Unternehmens kennenzulernen und sich auf vielen Gebieten Kenntnisse anzueignen.

Herr Bayer hat sich stets bemüht, die ihm übertragenen Aufgaben zu unserer Zufriedenheit zu erledigen. Wir haben ihn als einen Menschen kennengelernt, dem Ordnungsliebe und Genauigkeit über alles gingen.

Herr Bayer verläßt uns zum 30.9.2008, um eine andere Aufgabe zu übernehmen.

a) Unterstreichen Sie die Aussagen des Arbeitszeugnisses, die Sie für negativ halten.

b) Bewerten Sie das Zeugnis mit einer Note zwischen 1 und 6. ____________

c) Begründen Sie die Note, die Sie vergeben haben.

1. Ein Arbeitsverhältnis kann auf verschiedene Arten beendet werden. Nennen Sie die wichtigsten Möglichkeiten.

Ein Arbeitsverhältnis wird beendet durch

______________	______________	______________
wenn der Vertrag nur für eine bestimmte Zeit geschlossen wurde.	wenn Arbeitgeber und Arbeitnehmer sich einigen, das Arbeitsverhältnis zu beenden.	eines Vertragspartners. Vorgeschrieben ist die Schriftform.

Die Kündigung

2. Ergänzen Sie die Übersicht über die **außerordentliche (fristlose) Kündigung.**

Liegt ein ______________ vor, dann können Arbeitgeber und Arbeitnehmer **fristlos** kündigen.

Fristlose Kündigung

Ein **Arbeitnehmer** kann fristlos kündigen: z. B.	Ein **Arbeitgeber** kann fristlos kündigen: z. B.
______________	______________
______________	______________
______________	______________

Wer eine fristlose Kündigung verursacht, muss unter Umständen ______________ leisten.

3. Die **ordentliche (gesetzliche) Kündigung** erfolgt unter Einhaltung der Kündigungsfrist. Nennen Sie diese.

Gesetzliche Kündigungsfrist für alle Arbeitnehmer ______________

4. Ermitteln Sie den letzten Arbeitstag.

Arbeitnehmer	Letzter Arbeitstag
Heinz Bock kündigt am 10. März zum nächstmöglichen Termin. Wann ist sein letzter Arbeitstag?	
Martha Bauer kündigt am 23. Mai zum nächstmöglichen Termin. Wann ist ihr letzter Arbeitstag?	

Allgemeiner Kündigungsschutz

5. Stellen Sie anhand des nachfolgenden Gesetzestextes fest, unter welchen Voraussetzungen bei einem Arbeitnehmer der **allgemeine Kündigungsschutz** gilt.

____

____

Auszug aus dem Kündigungsschutzgesetz

§ 1 Sozial ungerechtfertigte Kündigung
(1) Die Kündigung des Arbeitsverhältnisses gegenüber einem Arbeitnehmer, dessen Arbeitsverhältnis in demselben Betrieb oder Unternehmen ohne Unterbrechung länger als sechs Monate bestanden hat, ist rechtsunwirksam, wenn sie sozial ungerechtfertigt ist.

§ 23 Geltungsbereich
(1) … Die Vorschriften … gelten … nicht für Betriebe und Verwaltungen, in denen in der Regel fünf oder weniger Arbeitnehmer … beschäftigt werden.

Anmerkung: Für neu eingestellte Arbeitnehmer erhöht sich die Grenze seit 2004 auf 10 oder weniger Arbeitnehmer

Sofern der **allgemeine Kündigungsschutz** gilt, ist eine Kündigung nur zulässig, wenn ein Kündigungsgrund vorliegt. Erläutern Sie die zulässigen Kündigungsgründe jeweils durch entsprechende Beispiele.

Kündigungsgründe

Verhalten des Arbeitnehmers:

____

____

____

↑ Voraussetzung

____

Person des Arbeitnehmers:

____

____

____

____

Betriebliche Erfordernisse:

____

____

↑ Voraussetzung

____

____

Besonderer Kündigungsschutz

6. Arbeitnehmer, die bestimmten Personenkreisen angehören, genießen einen **besonderen Kündigungsschutz,** d. h., sie sind unter bestimmten Voraussetzungen ____________________. Ergänzen Sie das Schaubild.

Besonderer Kündigungsschutz

____

____

Unkündbar während der ____________________ und bis ____________ nach der Entbindung sowie während der Elternzeit

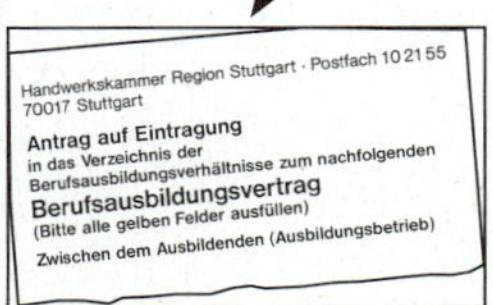
Handwerkskammer Region Stuttgart · Postfach 10 21 55
70017 Stuttgart
Antrag auf Eintragung
in das Verzeichnis der Berufsausbildungsverhältnisse zum nachfolgenden
Berufsausbildungsvertrag
(Bitte alle gelben Felder ausfüllen)
Zwischen dem Ausbildenden (Ausbildungsbetrieb)

____

____

Unkündbar nach der ____________________

____

____

Ohne Zustimmung des Integrationsamtes ist eine Kündigung unzulässig.

Betriebsräte und Jugendvertreter

Unkündbar während ihrer ____________ sowie ____________ danach.

____

____

Unkündbar während ____________________

____

____

7. Begründen Sie, ob die Kündigungen gerechtfertigt sind.

Ein Ausbilder beleidigt seine Auszubildende schwer, diese kündigt fristlos.	
Ein Arbeitnehmer teilt wichtige Konstruktionspläne der Konkurrenz mit und wird fristlos gekündigt.	
Als sie ihre Schwangerschaft meldet, wird einer Frau fristlos gekündigt.	
Einem verheirateten Arbeiter, der 4 Kinder hat und seit 5 Jahren in einer großen Firma arbeitet, wird wegen Rationalisierungsmaßnahmen fristgerecht gekündigt.	

Tarifvertragsarten

1. Ergänzen Sie das Schaubild über die wichtigsten Tarifvertragsarten.

Sozialpartner

____________	____________
Sie vereinbaren für die Arbeitgeber	Sie vereinbaren für die Arbeitnehmer

Tarifverträge

Arten

____________	____________
Inhalt: ____________	Inhalt: ____________
____________	____________
____________	____________
Laufzeit: ____________	____________
	Laufzeit: ____________

Diese Einteilung wurde vorgenommen, damit ____________

____

____

____

____

2. **Tarifgebunden** sind nur diejenigen Arbeitnehmer, die der vertragschließenden Gewerkschaft angehören und nur die Arbeitgeber, die dem vertragsschließenden Arbeitgeberverband angehören oder selbst Tarifvertragspartei sind (z. B. VW und andere Großunternehmen). Beim Abschluss eines Arbeitsvertrages müssen die Tarifbestimmungen demnach nur dann zugrundegelegt werden, wenn **beide** Vertragspartner, nämlich Arbeitgeber **und** Arbeitnehmer, an den Tarifvertrag gebunden sind.
Kreuzen Sie an, ob der Tarifvertrag beim Abschluss eines Einzelarbeitsvertrages zugrundegelegt werden muss.

a)	Der Arbeitgeber hat einen Haustarifvertrag abgeschlossen, der Arbeitnehmer ist Mitglied einer Gewerkschaft.	☐ **Ja,** der Tarifvertrag ist verbindlich. ☐ **Nein,** er ist nicht verbindlich.
b)	Der Arbeitgeber ist Mitglied des Arbeitgeberverbandes, der Arbeitnehmer gehört keiner Gewerkschaft an.	☐ **Ja,** der Tarifvertrag ist verbindlich. ☐ **Nein,** er ist nicht verbindlich.

c)	Der Arbeitnehmer ist Mitglied in der Gewerkschaft, der Arbeitgeber ist Mitglied des Arbeitgeberverbandes.	☐ **Ja,** der Tarifvertrag ist verbindlich. ☐ **Nein,** er ist nicht verbindlich.
d)	Weder Arbeitgeber noch Arbeitnehmer sind „organisiert“.	☐ **Ja,** der Tarifvertrag ist verbindlich. ☐ **Nein,** er ist nicht verbindlich.
e)	Der Arbeitnehmer ist in der Gewerkschaft, der Arbeitgeber jedoch ist kein Mitglied im Arbeitgeberverband.	☐ **Ja,** der Tarifvertrag ist verbindlich. ☐ **Nein,** er ist nicht verbindlich.

3. Die nachfolgende Übersicht enthält **wichtige Begriffe aus dem Tarifvertragsrecht.**

Ergänzen Sie die fehlenden Textstellen.

a)	Die Tarifvertragspartner sind unabhängig vom Staat und haben das Recht, selbstständig Tarifverträge auszuhandeln und abzuschließen. Der Staat besitzt kein Eingriffsrecht.	←	____________________
b)	____________________	←	**Allgemeinverbindlichkeit**
c)	Die Regelungen des Tarifvertrages sind Mindestleistungen, die im Einzelarbeitsvertrag nicht unterschritten werden dürfen (auch wenn der Arbeitnehmer sich z. B. schriftlich mit geringerem Lohn oder weniger Urlaub einverstanden erklärt). Verbesserungen für den Arbeitnehmer sind zulässig.	←	____________________
d)	____________________	←	**Friedenspflicht**
e)	____________________ **+** ____________________	←	**Sozialpartner**

Tarifverhandlungen

1. Das nachfolgende Schaubild zeigt den Ablauf von Tarifverhandlungen. Ergänzen Sie die fehlenden Stellen.

____

zwischen ____________

und ____________

Einigung → Neuer Tarifvertrag

↓

Die Verhandlungen werden für ____________ erklärt.

↓

unabhängiger ____________

____

Einigung → Neuer Tarifvertrag ← Zustimmung

↓

Scheitern der ____________

↓

____

Wenn mindestens ____________ zustimmen

→

____

→

mögliche Gegenmaßnahme der Arbeitgeber:

____

↑

neue ____________

↑

____

über das Ergebnis.
Streikende, wenn mindestens 25 % zustimmen

2. Tarifverhandlungen sind gekennzeichnet durch starke Interessengegensätze zwischen Arbeitgeberverbänden und Gewerkschaften. Tragen Sie drei solcher Gegensätze ein.

Gewerkschaften sind interessiert an		**Arbeitgeberverbände** sind interessiert an
______________________		______________________
______________________		______________________
______________________		______________________

Merke: Tarifverhandlungen sind ______________________

Arbeitskampf

3.

Generalstreik legt Italien lahm

Schwerpunktstreik zeigt Wirkung: Produktionsstörungen bei VW

Warnstreiks in der westdeutschen Metallindustrie

Beschäftigte im öffentlichen Dienst drohen mit Bummelstreik

Wilder Streik bei Reifenfirma – fünf entlassen

Die Gewerkschaften unterstützen sich: seit heute Sympathiestreiks

Man unterscheidet verschiedene Streikarten. Ergänzen Sie in diesem Zusammenhang die Übersicht.

a)	Es werden nur die ______________________ Betriebe eines Wirtschaftszweiges bestreikt.	←	**Schwerpunktstreik**
b)	Alle Betriebe eines ______________________ werden bestreikt.	←	**Totaler Streik** (Flächenstreik)
c)	Die ganze Wirtschaft wird bestreikt.	←	______________________
d)	Die Arbeit wird für kurze Zeit unterbrochen, um die Streikbereitschaft zu zeigen.	←	______________________

e)	Streik ohne ____________________ und ohne Genehmigung der ____________________	←	**Wilder Streik**

4. Beurteilen Sie folgende Fälle:

a) Alle Betriebe der Metallindustrie werden bestreikt. Dies ist

☐ ein Generalstreik

☐ ein Schwerpunktstreik

☐ ein Totaler Streik (Flächenstreik).

b) Ihr Chef kündigt neue Arbeitszeiten an. Sie und Ihre sämtlichen Kollegen sind über diese Zeiten empört. Als der Chef nicht bereit ist, diese wieder zu ändern, beschließen alle Arbeitnehmer zu streiken. Welche Streikart liegt vor? Mit welchen Folgen müssten die Beteiligten rechnen? Begründen Sie Ihre Antwort.

c) Angenommen, Sie sind Gewerkschaftssekretär bei der Gewerkschaft NGG (Nahrung, Genuss, Gaststätten). Im Rahmen der Tarifverhandlungen für die Beschäftigten des Fleischerhandwerks sollen Sie entscheiden, welche Betriebe in Ihrer Stadt bestreikt werden müssen. Folgende Möglichkeiten stehen zur Wahl:

- 4 große Supermärkte, viele Gewerkschaftsmitglieder
- 250 Fleischereien, kaum Mitglieder
- der örtliche Schlachthof, viele Mitglieder.

Welche Betriebe würden Sie bestreiken – alle, oder einen Teil? Begründen Sie Ihre Antwort.

d) Wie wirkt sich die Aussperrung auf die betroffenen Arbeitnehmer aus?

Betriebsverordnungen für Hamburger Amtsstuben und Comptoirs 1863 – 1872
Zur Beachtung des Personals

Gottesfurcht, Sauberkeit und Pünktlichkeit sind die Voraussetzungen für ein ordentliches Geschäft.

Das Personal braucht jetzt nur noch an Wochentagen zwischen 6 Uhr vormittags und 6 Uhr nachmittags anwesend zu sein. Der Sonntag dient dem Kirchgang. Jeden Morgen wird im Hauptbüro das Gebet gesprochen.

Es wird von jedermann Ableistung von Überstunden erwartet, wenn das Geschäft sie begründet erscheinen lässt.

Der dienstälteste Angestellte ist für die Sauberkeit des Büros verantwortlich. Alle Jungen und Junioren melden sich bei ihm 40 Minuten vor dem Gebet und bleiben auch nach Arbeitsschluss zur Verfügung.

Einfache Kleidung ist Vorschrift. Das Personal darf sich nicht in hellschimmernden Farben bewegen und nur ordentliche Strümpfe tragen. Überschuhe und Mäntel dürfen im Büro nicht getragen werden, da dem Personal ein Ofen zur Verfügung steht. Ausgenommen sind bei schlechtem Wetter Halstücher und Hüte. Außerdem wird empfohlen, in Winterszeiten täglich 4 Pfund Kohle pro Personalmitglied mitzubringen.

Während der Bürostunde darf nicht gesprochen werden. Ein Angestellter, der Zigarren raucht, Alkohol in irgendwelcher Form zu sich nimmt, Billardsäle und politische Lokale aufsucht, gibt Anlass, seine Ehre, Gesinnung, Rechtschaffenheit und Redlichkeit anzuzweifeln.

Die Einnahme von Nahrung ist zwischen 11.30 und 12.00 Uhr erlaubt. Jedoch darf die Arbeit dabei nicht eingestellt werden.

Der Kundschaft und Mitgliedern der Geschäftsleitung nebst Angehörigen ist mit Ehrerbietung und Bescheidenheit zu begegnen.

Jedes Personalmitglied hat die Pflicht, für die Erhaltung seiner Gesundheit Sorge zu tragen, im Krankheitsfalle wird die Lohnzahlung eingestellt. Es wird daher dringend empfohlen, dass jedermann von seinem Lohn eine hübsche Summe für einen solchen Fall wie auch für die alten Tage beiseite legt, damit er bei Arbeitsunvermögen und bei abnehmender Schaffenskraft nicht der Allgemeinheit zur Last fällt.

Zum Abschluss sei die Großzügigkeit dieser neuen Büroordnung betont. Zum Ausgleich wird eine wesentliche Steigerung der Arbeit erwartet.

1. Ein Arbeitgeber, der in der heutigen Zeit eine solche Betriebsordnung einführen wollte, hätte damit sicherlich Probleme. Denn sie würde gegen zahlreiche Arbeitsschutzgesetze verstoßen. Außerdem werden Betriebsvereinbarungen heute nicht allein vom Arbeitgeber beschlossen, sie werden zwischen zwei Beteiligten vereinbart. Ergänzen Sie dementsprechend das Schaubild; soweit erforderlich mit Hilfe des untenstehenden Gesetzestextes.

[____________________] → **Betriebsvereinbarung** ← [____________________]
(als Vertreter der Arbeitnehmer)

↓

Merkmale

- Betriebsvereinbarungen müssen ____________________ abgefasst und im Betrieb ausgehängt werden.
- Betriebsvereinbarungen dürfen die geltenden gesetzlichen und tarifvertraglichen Bestimmungen nur ____________________ nicht jedoch ____________________ .
- Betriebsvereinbarungen regeln z. B. ____

____

Betriebsverfassungsgesetz (BetrVfG) § 77

Betriebsvereinbarungen (2) Betriebsvereinbarungen sind von Betriebsrat und Arbeitgeber gemeinsam zu beschließen und schriftlich niederzulegen …

(4) Betriebsvereinbarungen gelten unmittelbar und zwingend. Werden Arbeitnehmern durch Betriebsvereinbarungen Rechte eingeräumt, so ist ein Verzicht auf sie nur mit Zustimmung des Betriebsrates zulässig …

2. Wegen schlechter Auftragslage streicht ein Arbeitgeber einseitig seinen Beschäftigten das in der Betriebsvereinbarung zusätzlich gewährte Urlaubsgeld. Ist dies zulässig?

____

____

____

Betriebsrat

Auszug aus dem Betriebsverfassungsgesetz (BetrVfG).

§ 1 Errichtung von Betriebsräten. In Betrieben mit in der Regel mindestens 5 ständigen Wahlberechtigten Arbeitnehmern, von denen 3 wählbar sind, werden Betriebsräte gewählt.

§ 7 Wahlberechtigung. Wahlberechtigt sind alle Arbeitnehmer, die das 18. Lebensjahr vollendet haben.

§ 8 Wählbarkeit. (1) Wählbar sind alle Wahlberechtigten, die 6 Monate dem Betrieb angehören …

§ 9 Zahl der Betriebsratsmitglieder. Der Betriebsrat besteht in Betrieben mit in der Regel
5 bis 20 wahlberechtigten Abeitnehmern aus einer Person (Betriebsobmann),
21 bis 50 wahlberechtigten Arbeitnehmern aus 3 Mitgliedern,
51 bis 150 wahlberechtigten Arbeitnehmern aus 5 Mitgliedern, …

§ 21 Amtszeit. Die regelmäßige Amtszeit des Betriebsrates beträgt 4 Jahre.

1. Beantworten Sie folgende Fragen mit Hilfe des Gesetzestextes:

a) Welche Voraussetzungen müssen erfüllt sein, damit in einem Betrieb ein **Betriebsrat** gewählt werden kann?

____

____

b) Wer kann zum Betriebsrat gewählt werden?

____

____

c) Die Großbäckerei Zwerger hat 75 Arbeitnehmer. Wie viele Betriebsratsmitglieder hat der Betrieb?

____

d) Antonio Rigatoni hat die italienische Staatsangehörigkeit. Ist er wahlberechtigt bei den Betriebsratswahlen?

____

2. Im **sozialen**, im **personellen** und im **wirtschaftlichen** Bereich hat der Betriebsrat ein unterschiedliches **Mitbestimmungsrecht.** Ergänzen Sie die Übersicht durch passende Beispiele.

Mitbestimmung des Betriebsrates

Sozialer Bereich	Personeller Bereich	Wirtschaftlicher Bereich
Der Betriebsrat hat ein echtes **Mitbestimmungsrecht,** d. h. ohne seine Zustimmung können die Maßnahmen nicht beschlossen werden.	Der Betriebsrat kann seine **Zustimmung** verweigern, wenn er schwerwiegende Gründe hat. Die letzte Entscheidung trifft dann das Arbeitsgericht.	Der Betriebsrat muss über anstehende Maßnahmen informiert werden. Er hat ein **Beratungsrecht.** Verweigert er die Zustimmung zu den geplanten Maßnahmen, bleibt dies ohne Wirkung.
Beispiele:	Beispiele:	Beispiele:
______	______	______
______	______	______
______	______	______
______	______	______

3. In der Großbäckerei Zwerger soll ein Mitarbeiter entlassen werden. Ohne den Betriebsrat zu informieren, kündigt die Geschäftsleitung dem betroffenen Arbeitnehmer fristgerecht. Überprüfen Sie anhand des Gesetzestextes: Ist die Kündigung wirksam? Welche Mitwirkungsrechte hat der Betriebsrat bei einer Kündigung?

Auszug aus dem Betriebsverfassungsgesetz (BetrVfG).

§ 102 Mitbestimmung bei Kündigungen. (1) Der Betriebsrat ist vor jeder Kündigung zu hören. Der Arbeitgeber hat ihm die Gründe für die Kündigung mitzuteilen. Eine ohne Anhörung des Betriebsrats ausgesprochene Kündigung ist unwirksam.
(3) Der Betriebsrat kann … der ordentlichen Kündigung widersprechen, wenn
1. der Arbeitgeber bei der Auswahl des zu kündigenden Arbeitnehmers soziale Gesichtspunkte nicht oder nicht ausreichend berücksichtigt hat, …
3. der zu kündigende Arbeitnehmer an einem anderen Arbeitsplatz im selben Betrieb oder in einem anderen Betrieb des Unternehmens weiterbeschäftigt werden kann.
5. eine Weiterbeschäftigung unter geänderten Vertragsbedingungen möglich ist und der Arbeitnehmer sein Einverständnis hiermit erklärt hat.

____

____

____

____

____

____

____

____

Betriebsversammlung

4. Wen lädt der Betriebsrat zur **Betriebsversammlung** ein?

____

5. Wie oft finden Betriebsversammlungen statt?

____

Jugend- und Auszubildendenvertretung (JAV)

6. Ergänzen Sie die folgenden Aussagen zur **Jugend- und Auszubildendenvertretung.**

- Eine Jugend- und Auszubildendenvertretung kann gewählt werden, wenn mindestens ______ Jugendliche oder Auszubildende beschäftigt werden.
- Wählbar sind alle Arbeitnehmer des Betriebes, die noch keine ______ Jahre alt sind.
- Die Amtszeit der JAV beträgt ______ Jahre.
- Die JAV verhandelt nicht direkt mit dem Arbeitgeber. Sie muss ihre Interessen über den ______________ durchsetzen.
- Die Hauptaufgabe der JAV ist es ______________________________

____

Vervollständigen Sie die Übersicht über die Mitbestimmung in Kapitalgesellschaften

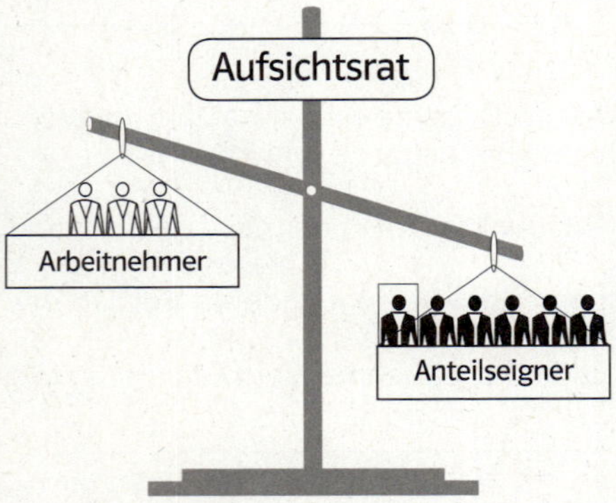	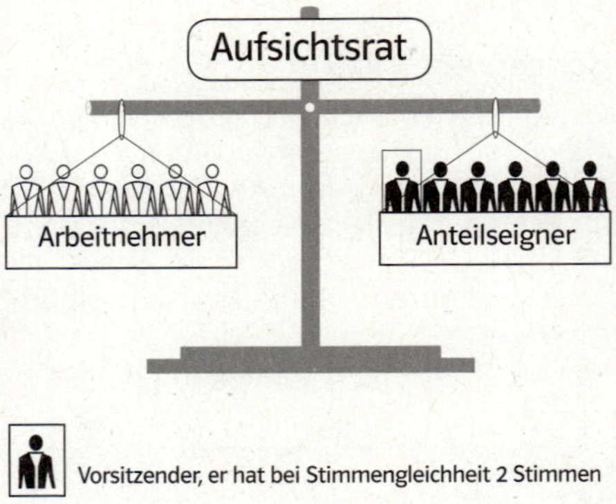	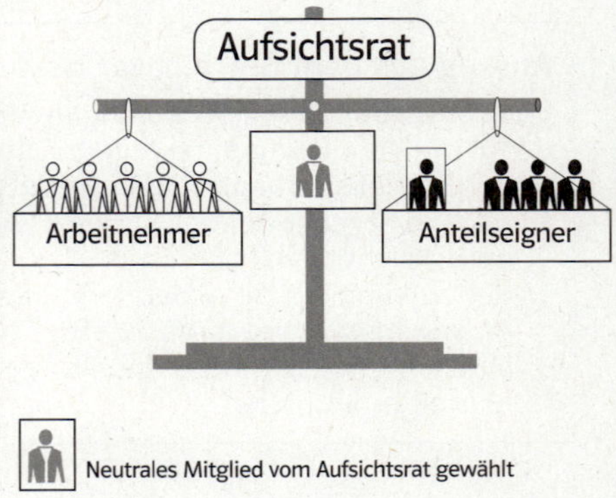
Betriebsverfassungsgesetz von 1952	**Mitbestimmungsgesetz von 1976**	**Montanmitbestimmungsgesetz von 1951**
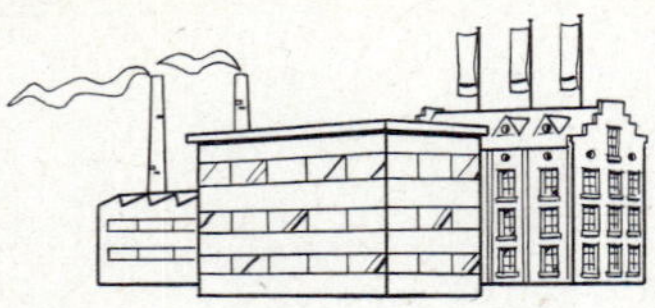		
Gültig für: ____________________ ____________________ ____________________ ____________________ ____________________	Gültig für: ____________________ ____________________ ____________________ ____________________ ____________________	Gültig für: ____________________ ____________________ ____________________ ____________________ ____________________
Sitzverteilung im Aufsichtsrat: ____________________ ____________________ ____________________ ____________________ ____________________ ____________________	Sitzverteilung im Aufsichtsrat: ____________________ ____________________ ____________________ ____________________ ____________________ ____________________	Sitzverteilung im Aufsichtsrat: ____________________ ____________________ ____________________ ____________________ ____________________ ____________________
Liegt eine paritätische Mitbestimmung vor? ____________________ ____________________ ____________________ ____________________ ____________________ ____________________	Liegt eine paritätische Mitbestimmung vor? ____________________ ____________________ ____________________ ____________________ ____________________ ____________________	Liegt eine paritätische Mitbestimmung vor? ____________________ ____________________ ____________________ ____________________ ____________________ ____________________

1. Ergänzen Sie das Schaubild über den Aufbau der **Arbeitsgerichte.**

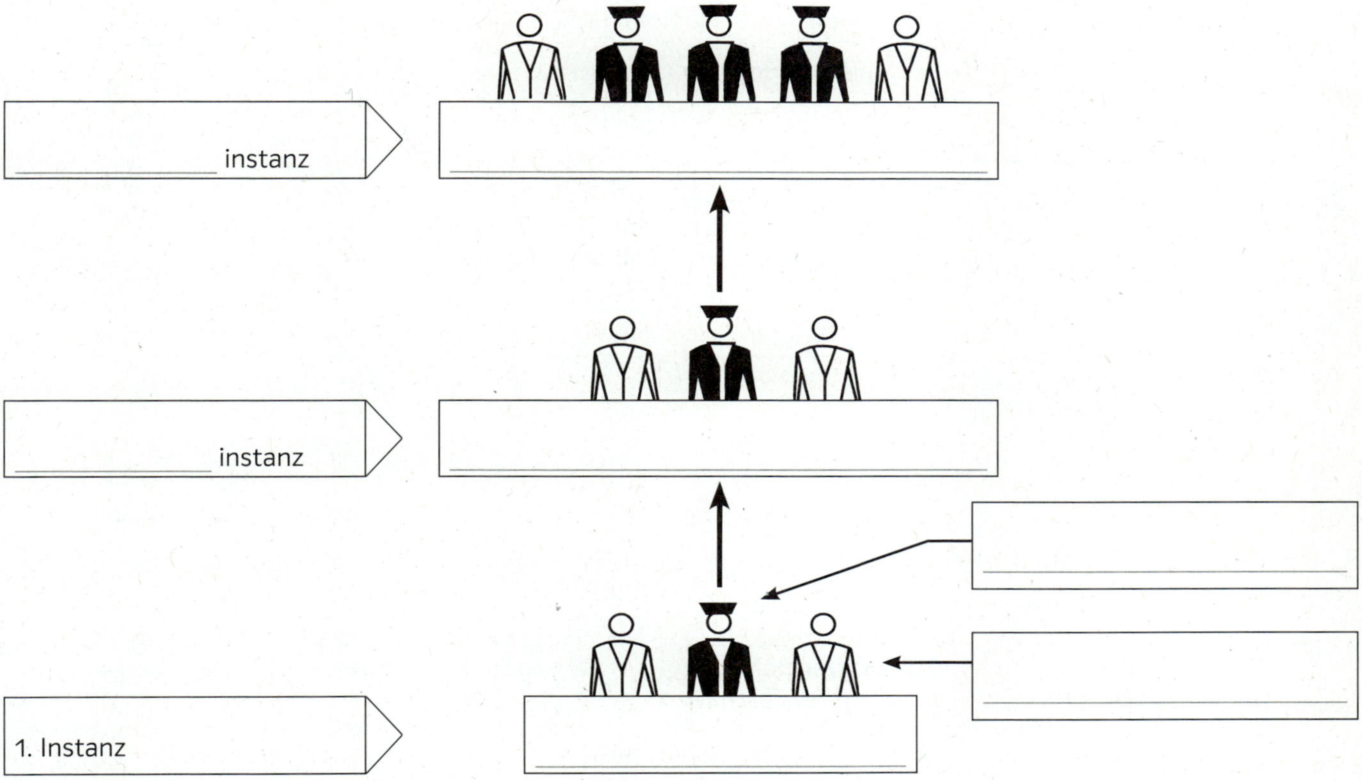

2. Ergänzen Sie fehlenden Textstellen über die Zuständigkeit der Arbeitsgerichte.

Arbeitsgerichte sind zuständig für Streitigkeiten

- zwischen __________ und __________ aus dem Arbeitsvertrag.
- zwischen den __________ __________ aus dem Tarifvertrag.
- zwischen dem __________ __________ und dem __________ aus dem Ausbildungsvertrag.
- zwischen dem __________ __________ und dem __________ aus dem Betriebsverfassungsrecht.

3. Weshalb sind die Arbeitsgerichte mit ehrenamtlichen Richtern besetzt?

____

____

____

4. Nach einer Klageeinreichung wird zunächst eine **Güteverhandlung** angesetzt. Erläutern Sie, weshalb.

____

____

____

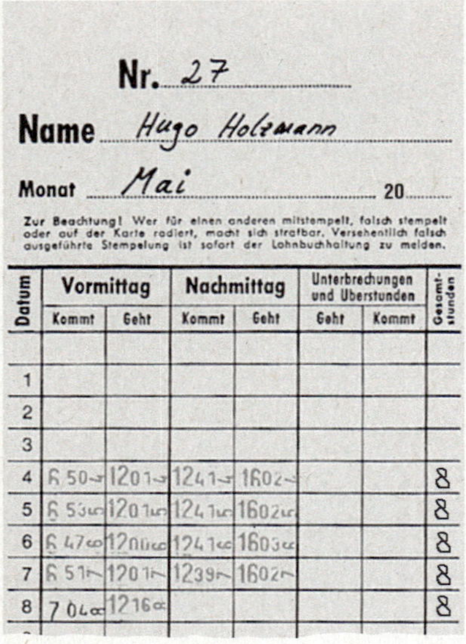

Nr. 27

Name Hugo Holzmann

Monat Mai 20

Zur Beachtung! Wer für einen anderen mitstempelt, falsch stempelt oder auf der Karte radiert, macht sich strafbar. Versehentlich falsch ausgeführte Stempelung ist sofort der Lohnbuchhaltung zu melden.

Datum	Vormittag Kommt	Vormittag Geht	Nachmittag Kommt	Nachmittag Geht	Unterbrechungen und Überstunden Geht	Unterbrechungen und Überstunden Kommt	Gesamtstunden
1							
2							
3							
4	6 50	12 01	12 41	16 02			8
5	6 53	12 01	12 41	16 02			8
6	6 47	12 00	12 41	16 03			8
7	6 51	12 01	12 39	16 02			8
8	7 04	12 16					8

Der Zeitlohn

1. Wie wird der Zeitlohn bezahlt?

- als Stunden-, Tages-, Wochen- oder Monatslohn bei ______________
- als Monatslohn (Gehalt) bei ______________

2. Hugo Holzmann bezieht einen Stundenlohn von 8,60 €. Ermitteln Sie anhand der abgebildeten Stempelkarte seinen Bruttolohn für die erste Maiwoche.

Bruttolohn = Geleistete Arbeitsstunden x Stundenlohn

______________ = ______________ x ______________

3. Begründen Sie, weshalb in den folgenden Beispielen eine Bezahlung nach Zeitlohn sinnvoller erscheint als eine Vergütung nach Akkordlohn.

Tätigkeiten am Fließband	**Wartungstechniker bei einer Fluggesellschaft**	**Fleischereiverkäuferin**	**Büroangestellte**
↓	↓	↓	↓

4. Tragen Sie die jeweiligen Vorteile und Nachteile in die Übersicht ein.

	Vorteile des Zeitlohns	**Nachteile des Zeitlohns**
Für den Arbeitnehmer		
Für den Arbeitgeber		

Der Akkordlohn

5. Tragen Sie die jeweiligen Vorteile und Nachteile in die Übersicht ein.

	Vorteile des Akkordlohns	Nachteile des Akkordlohns
Für den Arbeitnehmer		
Für den Arbeitgeber		

6. a) **Stückgeldakkord**

Ermitteln Sie anhand des abgebildeten Arbeitsbelegs den Bruttolohn für die erste Juniwoche. Gehen Sie bei Ihrer Berechnung von einem **Stückgeldakkordsatz** von 0,95 € aus.

Arbeitsbeleg

Name G. Patschke **Monat** Juni **200...**

Tagesarbeitsmengen

Tag	1. Woche	2. Woche	3. Woche	4. Woche	Quersumme
Mo	109				
Di	110				
Mi	112				
Do	108				
Fr	106				
Sa	/				
Stückzahl	545				

Bruttolohn = Stückzahl x Stückgeldakkordsatz

__________ = __________ x __________

b) **Stückzeitakkord**

Ermitteln Sie anhand der bereits bekannten Zahlen den Bruttolohn nach dem **Stückzeitakkord.** Legen Sie Ihrer Berechnung folgende zusätzliche Angaben zugrunde: ***Vorgabezeit*** (Stückzeit) 5 Minuten, Grundlohn 11,40 €.

$$\textbf{Minutenfaktor} = \frac{\textbf{Grundlohn}}{\textbf{60 Minuten}}$$

__________ = __________

Bruttolohn = Stückzahl x Stückzeit x Minutenfaktor

__________ = __________ x __________ x __________

Der Prämienlohn

7. Durch den Prämienlohn wird versucht, die Nachteile des Zeitlohns und des Akkordlohns zu mindern sowie deren Vorteile zu verbinden. Dies soll erreicht werden, indem man für besondere Leistungen spezielle Prämien bezahlt. Nennen Sie mindestens vier solcher Prämien.

____

____

____

____

____

Der Beteiligungslohn

8. Setzen Sie die folgenden Begriffe an der richtigen Stelle ein: *unterschiedliche, Belegschaftsaktien, Interesse, Gewinn, Öffentliche Unternehmungen, zusätzlich, Beteiligungslohn, Kapital*

Beim Beteiligungslohn werden die Arbeitnehmer am ____________ oder ____________ des Unternehmens beteiligt. Diese Beteiligung erfolgt ____________ zum normalen Lohn. Die wohl bekannteste Form des Beteiligungslohnes sind die sogenannten ____________ der größeren Unternehmungen. Der Beteiligungslohn soll das ____________ der Arbeitnehmer am Unternehmen erhöhen, denn eine Leistungssteigerung der Arbeitnehmer vergrößert den Unternehmenserfolg und somit den ____________. Eine allgemeine Einführung des Beteiligungslohnes ist allerdings sehr problematisch, da die einzelnen Unternehmungen ____________ Gewinne erwirtschaften. Manche Unternehmen, z. B. ____________, erwirtschaften gar keine Gewinne.

9. Ergänzen Sie die **Zusammenfassung** über die Lohnformen

Lohnformen

- ____________: Mit einem festen Lohn wird die Arbeitszeit bezahlt.
- ____________: Entlohnt wird die Arbeitsleistung.
  - ____________: Besondere Leistungen, wie Termineinhaltung, werden extra vergütet.
  - ____________: Die Lohnhöhe hängt von der produzierten Menge ab.
- ____________: Die Arbeitnehmer sind zusätzlich am Unternehmenserfolg beteiligt.

1. Mit Hilfe der summarischen oder der analytischen Arbeitsbewertung soll versucht werden, einen möglichst gerechten Leistungslohn zu ermitteln. Tragen Sie bei den folgenden Überschriften ein, welche Form der Arbeitsbewertung vorliegt und bearbeiten Sie die jeweils dazugehörende Aufgabe.

Die ______________________ Arbeitsbewertung

2. In der Firma Schleckermann, einer größeren Süßwarenfabrik, sind zwei Arbeitsplätze zu besetzen. Bewerten Sie die Anforderungen an die beiden Arbeitsplätze und ermitteln Sie, welcher Lohngruppe jeder Arbeitsplatz zuzuordnen ist.

Arbeitsplatz 1: Pförtner

Zu seinen Aufgaben gehört der Empfang von Besuchern und Lieferanten. Des weiteren betätigt er die ferngesteuerte Schranke für ankommende oder abfahrende Fahrzeuge. Außerdem wird von ihm die eingehende Post vorsortiert und weitergeleitet. Jeden Nachmittag hat der Portier die ausgehende Post, die ihm von den einzelnen Abteilungen ins Büro gebracht wird, zu kuvertieren und richtig zu frankieren. Die Portiersloge befindet sich direkt an der Hauptstraße und kann wegen des starken Lärms kaum zum Lüften geöffnet werden.

Arbeitsplatz 2: Ausbildungsleiter

Der gesuchte Mitarbeiter soll die Einstellung von Auszubildenden selbstständig, jedoch nach den Vorgaben der Geschäftsleitung, vornehmen. Außerdem ist er verantwortlich für die theoretische und praktische Ausbildung im Betrieb. Darüber hinaus soll er die betriebliche Fortbildung aller Beschäftigten übernehmen, leiten und durchführen. Neben fundierten Fachkenntnissen und einer pädagogischen Ausbildung werden umfangreiche Kenntnisse des Personalwesens erwartet, insbesondere aus dem Bereich des Arbeits-, Steuer und Sozialrechts. Sein großes, modern eingerichtetes Büro liegt im ruhigen Teil des Gebäudes.

Anforderungsarten	**mögliche Höchstwerte**	**Spezielle Werte**	
		Arbeitsplatz 1	Arbeitsplatz 2
1. Fachkenntnisse, Berufsausbildung, Berufserfahrung	23		
2. Aufmerksamkeit, Konzentration, Nervenbelastung	4		
3. Muskelarbeit, Arbeitsschwere	2		
4. Geschicklichkeit	1		
5. Nachdenken	6		
6. Verantwortung für die eigene Arbeit	5		
7. Verantwortung für die Arbeit anderer	5		
8. Verantwortung für Arbeitsmittel	2		
9. Umgangs- und Ausdrucksgewandtheit	4		
10. Umgebungseinflüsse (z. B. Schmutz, Nässe, Lärm)	3		
Gesamtpunktzahl	55		

Arbeitswerte	**Lohngruppe**	**Arbeitswerte**	**Lohngruppe**	**Arbeitswerte**	**Lohngruppe**
0–10	1	23–28	4	41–45	7
11–15	2	29–34	5	46–50	8
16–22	3	35–40	6	51–55	9

Pförtner ➝ ______________________

Ausbildungsleiter ➝ ______________________

Die ____________ Arbeitsbewertung

3. Das Feinkostgeschäft Fein & Schmackes sucht zwei neue Mitarbeiter. Verwenden Sie den Auszug aus dem Manteltarifvertrag und ermitteln Sie die passende Lohngruppe für jeden Arbeitsplatz.

Arbeitsplatz 1: Leiterin des Partyservices

Die gesuchte Mitarbeiterin soll den umfangreichen Partyservice übernehmen. Dazu gehört neben der Kundenberatung auch die Zusammenstellung und Kalkulation von Angeboten sowie die Ausführung und Endabrechnung der jeweiligen Aufträge. Neben einer fundierten Fachausbildung und Berufserfahrung werden auch Führungsqualitäten erwartet.

Arbeitsplatz 2: Küchenhilfe

Für einfache Spül- und Reinigungstätigkeiten wird eine Küchenhilfe gesucht. Da die gesuchte Arbeitnehmerin nur einfachste Hilfsarbeiten ausführen muss, sind für die Tätigkeit keinerlei Kenntnisse erforderlich.

Lohngruppe 1	Einfachste Arbeiten, die keine Arbeitskenntnisse und keinerlei Ausbildung voraussetzen, sondern lediglich eine einmalige Anweisung.
Lohngruppe 2	Einfachste Arbeiten, die ohne jegliche Ausbildung nach kurzer Unterweisung und Übung ausgeführt werden können.
Lohngruppe 3	Einfachste Arbeiten, die ohne jegliche Ausbildung nach kurzer Einarbeitungszeit ausgeführt werden können.
Lohngruppe 4	Einfachste Arbeiten, die gewisse Kenntnisse erfordern und die nach einer kurzen Einarbeitungszeit ausgeführt werden können.
Lohngruppe 5	Arbeiten, die eine Anlernzeit bis zu 2 Monaten erfordern.
Lohngruppe 6	Arbeiten, die eine Anlernzeit von mehr als 2 Monaten erfordern.
Lohngruppe 7	Arbeiten, die eine Berufsausbildung oder eine Anlernausbildung mit zusätzlicher Berufserfahrung erfordern.
Lohngruppe 8	Arbeiten der Lohngruppe 7, die überdurchschnittliche Berufserfahrung bzw. besondere Fähigkeiten erfordern.
Lohngruppe 9	Besonders schwierige Arbeiten, die hervorragende Fachkenntnisse und Fähigkeiten sowie eine entsprechende Berufserfahrung voraussetzen.

Leiterin des Partyservices ▷ ____________ **Küchenhilfe** ▷ ____________

4. Erläutern Sie kurz, was man unter analytischer und was man unter summarischer Arbeitsbewertung versteht.

Arbeitsbewertung

Analytische Arbeitsbewertung	**Summarische Arbeitsbewertung**
____________	____________
____________	____________
____________	____________
____________	____________
____________	____________
____________	____________
____________	____________
____________	____________
____________	____________
____________	____________

1. Ergänzen Sie die Übersicht.

Grundlohn ← z. B. ____________

\+ Zulagen (in €) ← z. B. ____________

\+ Zuschläge (in %) ← z. B. ____________

\+ sonstige finanzielle Leistungen ← z. B. ____________

= ____________

– ____________

– ____________

– ____________

– ____________

– ____________

– ____________

– ____________

= ____________

____________ **Abzüge**

2. Die alleinstehende 25jährige Aushilfskraft Lisa Müller hat einen Stundenlohn von 8,25 €. Im letzten Monat arbeitete sie 168 Stunden. Zusätzlich leistete sie 8 Überstunden, die mit 25 % Zuschlag vergütet werden. Außerdem erhielt sie eine Kassenzulage von 25,00 €.

a) Wie hoch ist ihr **Bruttolohn?**

b) Berechnen Sie den **Nettolohn,** indem Sie folgende Abzüge berücksichtigen: Lohnsteuer 123,75 €, Solidaritätszuschlag (5,5 % der Lohnsteuer), Kirchensteuer (8 % der Lohnsteuer), Krankenversicherungsbeitrag 14,8 % (Arbeitnehmer zahlt zusätzlich 0,9 % Sonderbeitrag), Pflegeversicherungsbeitrag 1,95 % (kinderlose Arbeitnehmer zusätzlich 0,25 %), Arbeitslosenversicherungsbeitrag 3,3 %, Rentenversicherungsbeitrag 19,9 %.

	Grundlohn	
+		
+		
=		
–		
–		
–		
–	(Arbeitgeberanteil .... %)	
–	(Arbeitgeberanteil .... %)	
–	(Arbeitgeberanteil .... %)	
–	(Arbeitgeberanteil .... %)	
=		

3. Wie hoch ist der **ausgezahlte Lohn,** wenn ihr noch 35 € für einen vermögenswirksamen Sparvertrag abgezogen werden?

Nettolohn ____________ ____________

– ____________

= ____________ ____________

4. Bruno Mayer (20 Jahre) arbeitet als Geselle in der Fleischerei Baumann. Überprüfen Sie, ob Meister Baumann bei der Gehaltsabrechnung ein Fehler unterlaufen ist. Die Höhe der einzelnen Sozialversicherungsbeiträge sowie die Höhe von Lohnsteuer, Kirchensteuer und Solidaritätszuschlag können den nebenstehenden Tabellenauszügen entnommen werden.

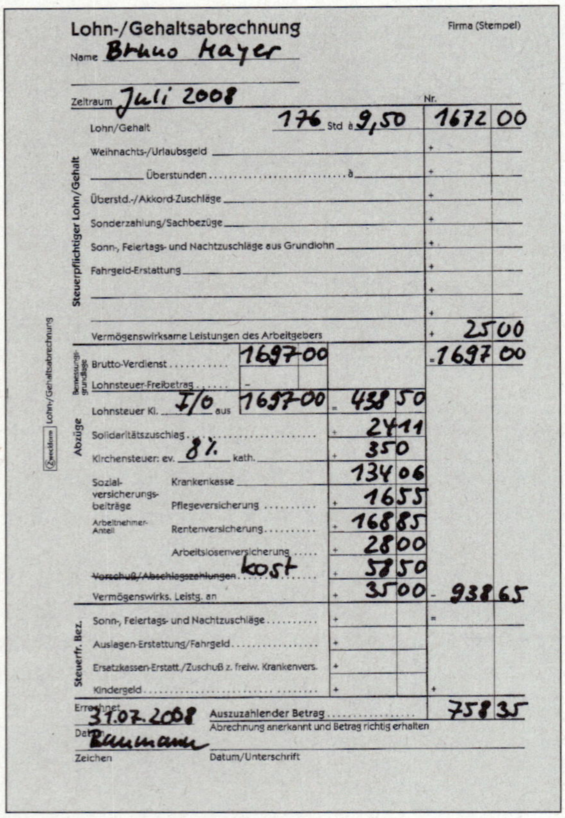

Lohn-/Gehaltsabrechnung Firma (Stempel)

Name: Bruno Mayer

Zeitraum: Juli 2008 Nr.

Lohn/Gehalt	176 Std à 9,50		1672,00
Weihnachts-/Urlaubsgeld			+
Überstunden à			+
Überstd.-/Akkord-Zuschläge			+
Sonderzahlung/Sachbezüge			+
Sonn-, Feiertags- und Nachtzuschläge aus Grundlohn			+
Fahrgeld-Erstattung			+
			+
			+
Vermögenswirksame Leistungen des Arbeitgebers			+ 25,00
Bemessungsgrundlage: Brutto-Verdienst	1697,00		= 1697,00
Lohnsteuer-Freibetrag	–		
Lohnsteuer Kl. I/0 aus	1697,00	= 438,50	
Solidaritätszuschlag		+ 24,11	
Kirchensteuer: ev. 8% kath.		+ 3,50	
Sozialversicherungsbeiträge Arbeitnehmer-Anteil: Krankenkasse		134,06	
Pflegeversicherung		+ 16,55	
Rentenversicherung		+ 168,85	
Arbeitslosenversicherung		+ 28,00	
~~Vorschuß/Abschlagszahlungen~~ kost		+ 58,50	
Vermögenswirks. Leistg. an		+ 35,00	– 938,65
Steuerfr. Bez.: Sonn-, Feiertags- und Nachtzuschläge		+	=
Auslagen-Erstattung/Fahrgeld		+	
Ersatzkassen-Erstatt./Zuschuß z. freiw. Krankenvers.		+	
Kindergeld		+	+
Auszuzahlender Betrag			758,35

Errechnet 31.07.2008 Datum Baumann Zeichen

Abrechnung anerkannt und Betrag richtig erhalten

Datum/Unterschrift

Sozialversicherungsbeitragssätze (Stand: 1.7.2008)

Versicherung	Beitragssatz	Arbeitnehmeranteil
Kranken	14,0 %*	7,0 %**
Renten	19,9 %	9,95 %
Arbeitslosen	3,3 %	1,65 %
Pflege	1,95 %	0,975 %***

* Beitragssatz von Bruno Mayers Krankenkasse

** Der Arbeitnehmer zahlt zusätzlich zu seinem Anteil 0,9 %

*** Kinderlose Arbeitnehmer über 23 Jahren zahlen zusätzlich 0,25 %

Auszug aus der Lohnsteuertabelle

Lohn/Gehalt bis Euro	Steuerklasse	Lohnsteuer	SolZ	ohne Kinderfreibeträge Kirchensteuer 8%	9%
1.694,99	I	176,00	9,68	14,08	15,84
	II	148,00	8,14	11,84	13,32
	III	–	–	–	–
	IV	176,00	9,68	14,08	15,84
	V	437,33	24,05	34,98	39,35
	VI	465,16	25,58	37,21	41,86
1.697,99	I	176,83	9,72	14,14	15,91
	II	148,75	8,18	11,90	13,38
	III	–	–	–	–
	IV	176,83	9,72	14,14	15,91
	V	438,50	24,11	35,08	39,46
	VI	466,16	25,63	37,29	41,95
1.700,99	I	177,58	9,76	14,20	15,98
	II	149,50	8,22	11,96	13,45
	III	–	–	–	–
	IV	177,58	9,76	14,20	15,98
	V	439,50	24,17	35,16	39,55
	VI	467,50	25,71	37,40	42,07

Bruttolohn ____________

– Lohnsteuer I/0 ____________

– Kirchensteuer ____________

– Solidaritätszuschlag ____________

– Krankenversicherung (7 % + 0,9 %) ____________

– Rentenversicherung ____________

– Arbeitslosenversicherung ____________

– Pflegeversicherung ____________

= **Nettolohn** ____________

– Kost ____________

– Vermögenswirksame Leistungen ____________

= **auszuzahlender Betrag** ____________

5. Ergänzen Sie die Zusammenfassung über die Lohnabzüge. Verwenden Sie hierzu folgende Begriffe: ausbezahlter Lohn, Bruttolohn, Lohn- und Kirchensteuer, Sozialversicherungsbeiträge, sonstige Abzüge, Nettolohn, gesetzliche Abzüge, Solidaritätszuschlag.

____________	– ____________	} ____________	
	– ____________		– ____________
	= ____________		= ____________

1. a) Erklären Sie, was man unter **Lohnzusatzkosten** versteht.

b) Welche Gefahren sehen Sie in steigenden Lohnzusatzkosten?

Nominallohn und Reallohn

2. Ergänzen Sie das Schaubild über Nominallohn und Reallohn.

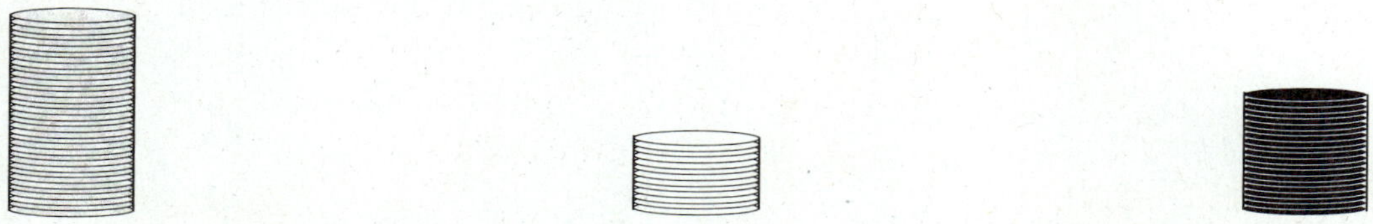

______ – ______ = ______

3. Unterscheiden Sie die Begriffe Nominallohn und Reallohn

Der **Nominallohn** ______

Der **Reallohn** ______

4. Wie verändert sich bei den nachfolgenden Beispielen der Reallohn?

Beispiele	**Veränderung des Reallohns**
Die Preise steigen um 5 %, der Nominallohn steigt um 6 %.	Der Reallohn steigt um 1 %.
Die Preise steigen um 4,5 %, der Nominallohn steigt um 3,5 %.	Der Reallohn ______
Die Preise sinken um 0,5 %, der Nominallohn steigt um 2 %.	Der Reallohn ______
Die Preise bleiben unverändert, der Nominallohn steigt um 3 %	Der Reallohn ______
Die Preise steigen um 6 %, der Nominallohn steigt um 4 %.	Der Reallohn ______
Die Preise steigen um 4 %, der Nominallohn bleibt unverändert.	Der Reallohn ______

Die Lohn-Preis-Spirale

Ergänzen Sie die Übersicht um folgende Begriffe:

Kaufkraft, größere, Kosten, höhere Löhne (2x), Preise, Nachfrage, gestiegene, Lohnforderungen (2x), Löhne, steigende Preise (2x), Lohn-Preis-Spirale, geringere, Preis-Lohn-Spirale

Die Gewerkschaften sind der Meinung, dass die steigenden ____________ die Ursache sind für Lohnerhöhungen. Sie sprechen deshalb von der ____________

Die Arbeitgeber vertreten die Ansicht, dass hauptsächlich die höheren ____________ die Ursache sind für Preiserhöhungen. Sie sprechen deshalb von der ____________

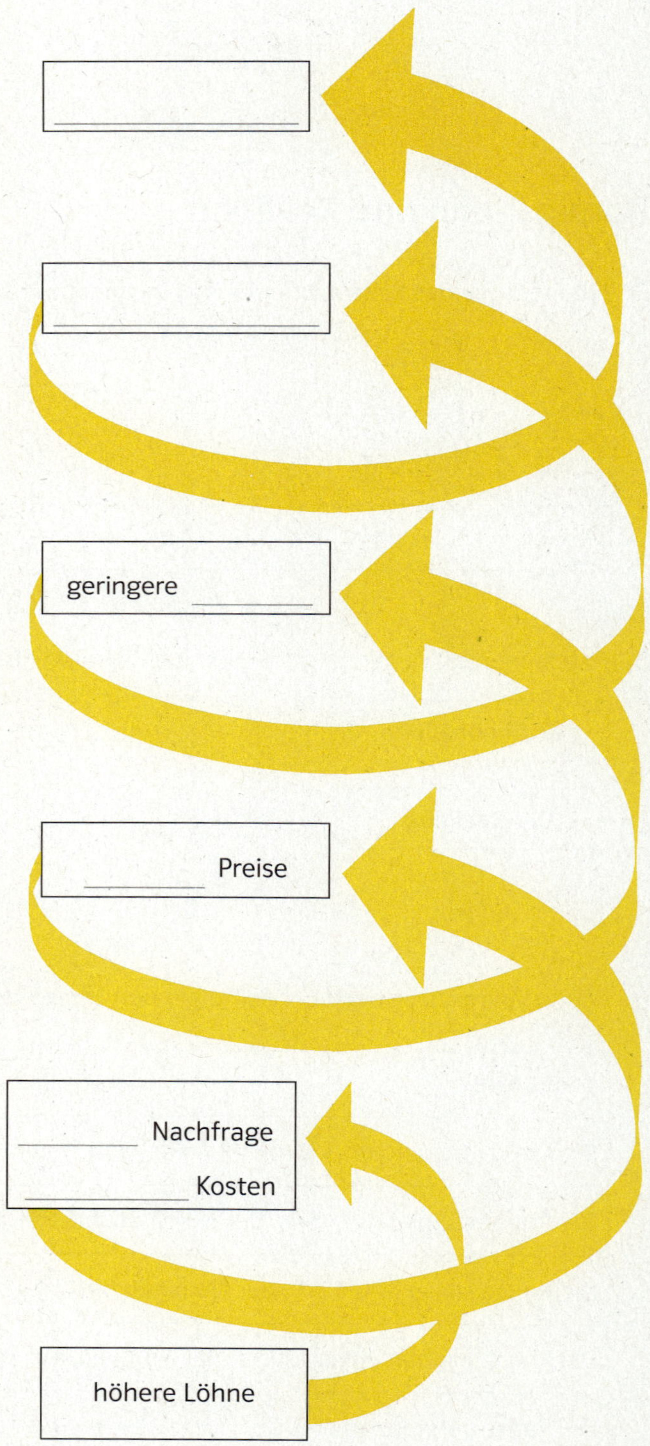

Der Markt

Wesen des Marktes

1. Ergänzen Sie die unvollständige Abbildung und erläutern Sie, was man unter einem Markt versteht.

Markt

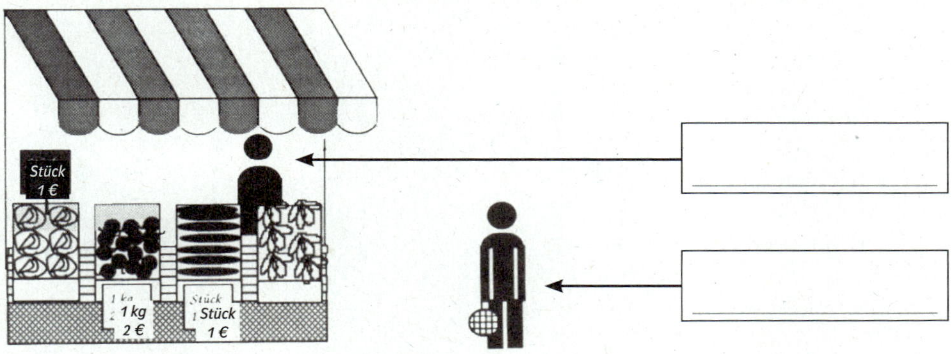

Als **Markt** bezeichnet man ____________________

____

Beispiele: ____________________

Marktarten

2. Nach der Art der gehandelten Güter unterscheidet man verschiedene **Marktarten.** Nachfolgend sind einige davon aufgeführt. Ergänzen Sie die Übersicht.

gehandelte Güter	Marktart
menschliche Arbeitskraft	____________
____________	Immobilienmarkt
ausländische Zahlungsmittel	____________
Güter, die in den Betrieben zur Produktion verwendet werden, z. B. Computer, Maschinen	____________
Güter für die Endverbraucher, wie z. B. Nahrungsmittel, Schallplatten	____________
langfristige Kredite, die von den Kreditinstituten zur Verfügung gestellt werden	____________

Marktformen – Verhalten der Marktteilnehmer

3. Nach der *Anzahl der Marktteilnehmer* unterscheidet man verschiedene **Marktformen.** Tragen Sie diese in die Übersicht ein.

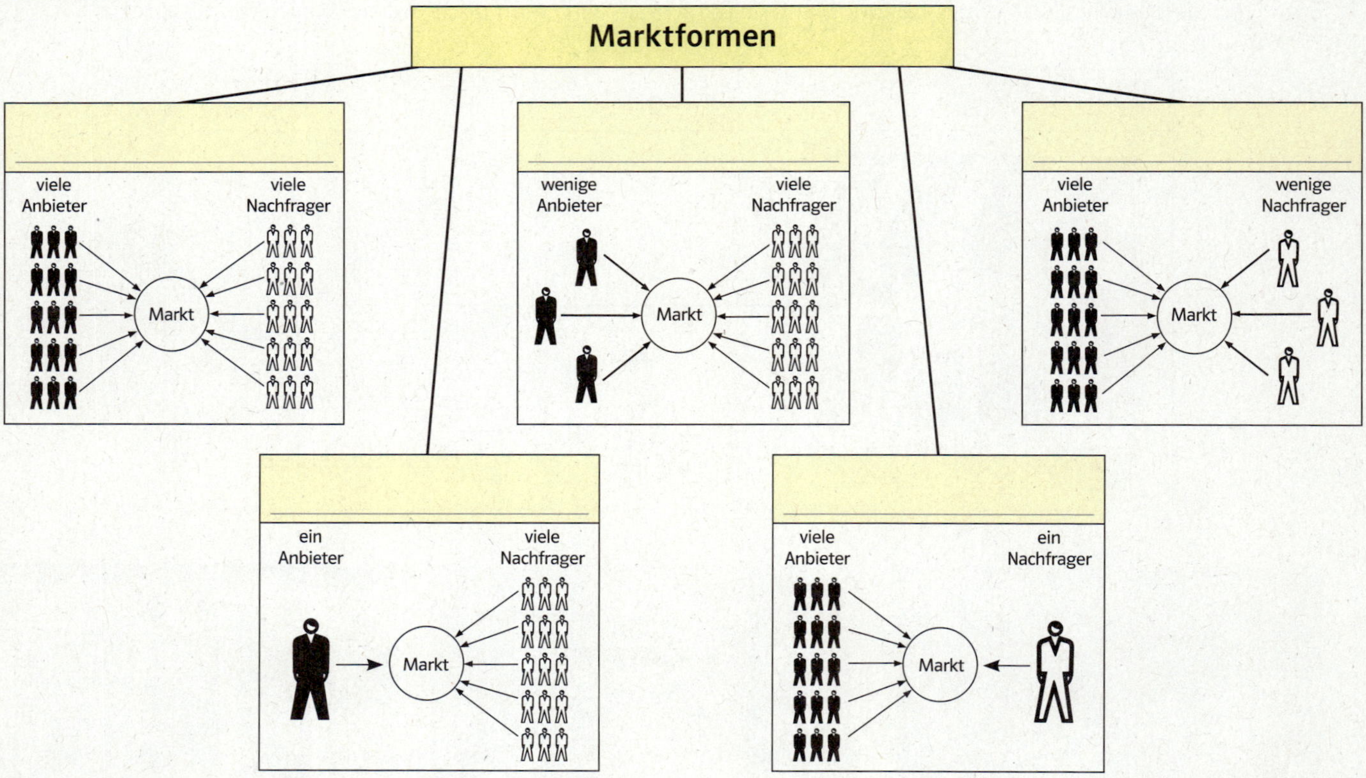

4. Auf welche Marktform wird hingewiesen? Kreuzen Sie an.

Beispiele	Polypol	Angebots-oligopol	Nachfrage-oligopol	Angebots-monopol	Nachfrage-monopol
der Benzinmarkt Deutschlands					
der Aktienhandel an der Berliner Wertpapierbörse					
die Briefbeförderung durch die Deutsche Post AG					
Vielen Winzern eines Weinbaugebietes stehen wenige Kellereien gegenüber.					
U-Boote und Kriegsschiffe werden innerhalb Deutschlands nur von der Bundesmarine gekauft.					
die patentierte Erfindung eines Unternehmers					
der Wochenmarkt in Ihrer Heimatstadt					
der Kaffeemarkt in Deutschland					
Nur die Deutsche Bahn AG kauft Lokomotiven.					
Brotkäufer können unter vielen Bäckereien wählen.					
der Automarkt in Deutschland					

5. Ergänzen Sie den Lückentext.

Die Marktformen wirken sich unterschiedlich für die Nachfrager aus. Am günstigsten ist das ____________________, da sich hier viele Anbieter um die Nachfrager bemühen. Beim ____________________ besteht die Gefahr, dass die wenigen Anbieter ihre ______________ absprechen. Die ungünstigste Marktform ist das ____________________, hier gibt es nur einen Anbieter, der die Preise ohne Rücksicht auf die Konkurrenz festsetzen kann.

Die Preisbildung

Die Preisbildung bei vollständiger Konkurrenz

1. Geben Sie in beiden Beispielen an, wie sich der Preis entwickelt und füllen Sie den Lückentext aus.

Beispiel 1:

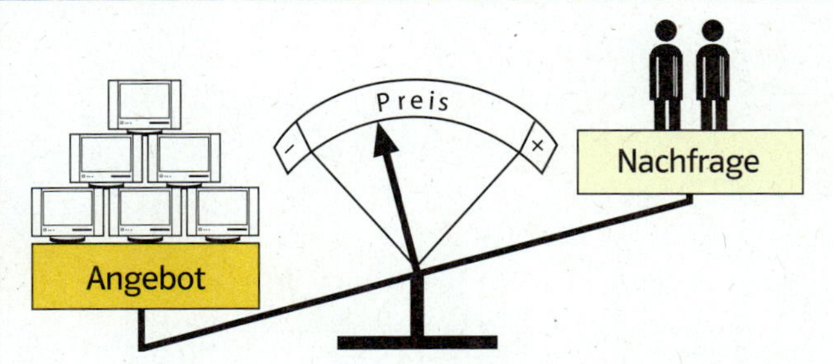

Folge: Der Preis ______________

Beispiel 2:

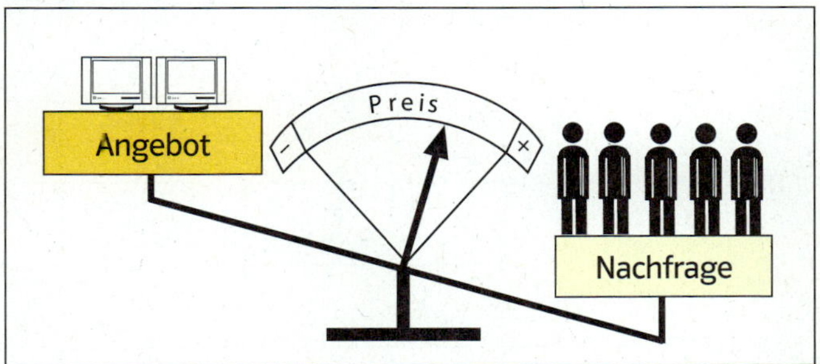

Folge: Der Preis ______________

Der Preis eines Gutes wird bestimmt durch ______________ und ______________. Ist die angebotene Menge größer als die Nachfrage, dann ______________ der Preis. Ist das Angebot kleiner als die nachgefragte Menge, dann ______________ der Preis.

2. Angebot und Nachfrage bestimmen den Preis einer Ware. Der Preis wiederum wirkt sich auf die angebotene und auf die nachgefragte Menge aus. Ergänzen Sie das Schaubild.

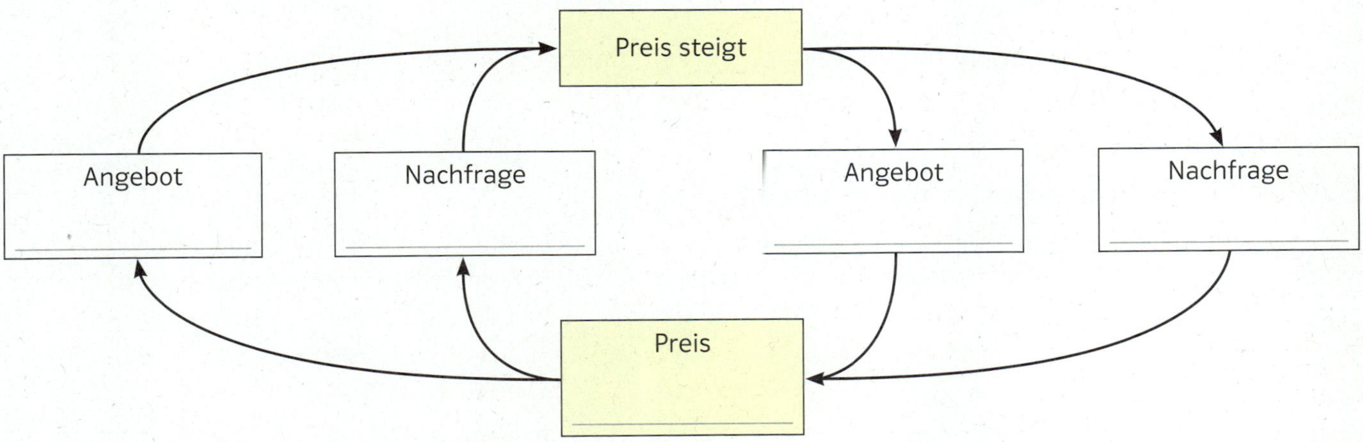

3. Auf einem Großmarkt entwickelten sich Angebot und Nachfrage nach einer bestimmten Obstsorte folgendermaßen:

Marktpreis je kg	nachgefragte Menge	angebotene Menge	verkaufte Menge
1,00 €	5000 kg	1250 kg	1250 kg
1,50 €	3750 kg	2150 kg	2150 kg
2,00 €	2850 kg	2850 kg	2850 kg
2,50 €	2350 kg	3400 kg	2350 kg
3,00 €	1900 kg	3850 kg	1900 kg
3,50 €	1550 kg	4250 kg	1550 kg
4,00 €	1250 kg	4600 kg	1250 kg

a) Tragen Sie in dem nachfolgenden Koordinatensystem folgende Begriffe ein: *Gleichgewichtspreis, Angebotskurve, Nachfragekurve.*

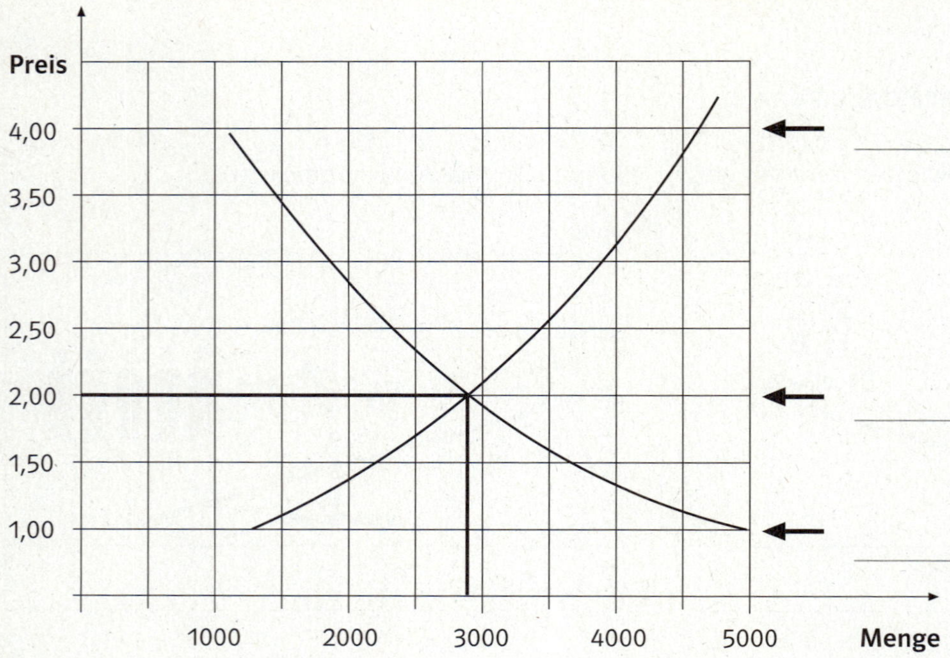

b) Ergänzen Sie anhand des Schaubildes folgende Feststellungen:

Der **Gleichgewichtspreis** beträgt __________ € , hier wird ______________________________

Bei der **Nachfragekurve** ist folgendes Verhalten festzustellen: niedrige Preise bewirken eine ______________ Nachfrage, hohe Preise bewirken eine ______________ Nachfrage.

Bei der **Angebotskurve** ist folgendes Verhalten festzustellen: niedrige Preise bewirken ein ______________ Angebot, hohe Preise bewirken ein ______________ Angebot.

Die Preisbildung bei eingeschränkter Konkurrenz

4. a) Infolge der zunehmenden Unternehmenskonzentration entstehen immer mehr Angebotsoligopole. Nennen Sie hierzu zwei Beispiele:

____

b) Die Preisbildung beim Angebotsoligopol wird nicht nur vom Verhalten der Nachfrager bestimmt, sondern auch von den Reaktionen der Konkurrenten. Typische Strategien sind: *Ruinöse Konkurrenz, Preisabsprachen, Preisführung, Qualitätswettbewerb*. Setzen Sie diese Begriffe in das Schaubild ein.

Die Preisbildung beim Angebotsoligopol

Ein Automobilhersteller erhöht die Garantiefrist seiner Fahrzeuge von 2 auf 3 Jahre.	Ein Tabakkonzern erhöht seine Zigarettenpreise, die anderen ziehen nach.	Ein Computerhersteller bietet seine Geräte um 20 % billiger an als seine Konkurrenten.	Drei große Mineralölfirmen vereinbaren, einheitliche Preise zu verlangen.
↓	↓	↓	↓
______	______	______	______

Kartelle

1. Ergänzen Sie die fehlenden Aussagen über die Kartelle.

Die Nachfrage nach Fahrrädern ist stark gesunken. Um einem drohenden Preisverfall vorzubeugen, beschließen die Fahrradhersteller Trippel, Tretheimer und Radelmann, dass sie ihre Erzeugnisse zu festgelegten Preisen verkaufen.
Für diese Preisabsprache schließen sich die Fahrradhersteller zu einem

____________ zusammen. Dieser Zusammenschluss schränkt die ____________ Selbstständigkeit der beteiligten Unternehmen erheblich ein, da sie keine eigenen Preise mehr festsetzen können. Die ____________ Selbstständigkeit der beteiligten Firmen bleibt jedoch vollständig erhalten.

2. Weshalb sind solche Absprachen nach dem Kartellgesetz verboten?

____

____

3. Das **Gesetz gegen Wettbewerbsbeschränkungen (Kartellgesetz)** verbietet zwar grundsätzlich die Bildung von Kartellen. In bestimmten Fällen sind jedoch Ausnahmen möglich.

a) Welche Behörden sind zuständig für die Überwachung von freigestellten (zulässigen) Kartellen?

____

b) Erläutern Sie zwei weitere Aufgaben dieser Behörde.

____

____

____

____

4. Man unterscheidet verschiedene **Kartellarten.** Tragen Sie in die Übersicht ein, welche Kartellarten jeweils vorliegen und ob diese verboten, anmeldepflichtig oder genehmigungspflichtig sind.

Inhalt der vertraglichen Vereinbarung	Kartellart	verboten/freigestellt
Die einheimischen Süßwarenhersteller beschließen, dass für eine Tafel Schokolade mindestens 1 € verlangt wird.		
Die Hersteller von Kaffee-Filtern vereinbaren einheitliche Abmessungen einzuhalten und nur noch umweltfreundliches Recyclingpapier zu verarbeiten.		
Führende Hersteller einer Ware teilen die Bundesrepublik in verschiedene Verkaufsgebiete ein. Jedes Verkaufsgebiet darf nur von bestimmten Herstellern beliefert werden.		
Alle Weinhändler von Berghausen einigen sich bei Abnahme von großen Mengen einheitlich 5 % Nachlass einzuräumen.		
Die Hersteller von Satellitenantennen vereinbaren einheitliche Anschlüsse.		

Unternehmenskonzentration

1. Man unterscheidet **horizontale, vertikale** und **anorganische Unternehmenszusammenschlüsse.** Vervollständigen Sie die Abbildung durch folgende Begriffe: *Bank, Verlag, horizontaler, Molkerei, vertikaler, Kaufhaus, anorganischer.*

Unternehmenszusammenschlüsse		
______________ Zusammenschluss	______________ Zusammenschluss	______________ Zusammenschluss
Papierfabrik Druckerei ______________	Kaufhaus – Kaufhaus – ______________	Fluglinie – ______________ ______________ – Schuh-fabrik

2. Welche Vorteile sprechen für **horizontale** und **vertikale Zusammenschlüsse?**

____

____

3. Welchen Vorteil sehen Sie in einem **anorganischen Zusammenschluss?**

____

____

Konzern

4. Die nachfolgende Abbildung zeigt sechs Unternehmen, die unter der einheitlichen Leitung eines großen Unternehmens stehen. Benennen Sie die einzelnen Teile der Abbildung.

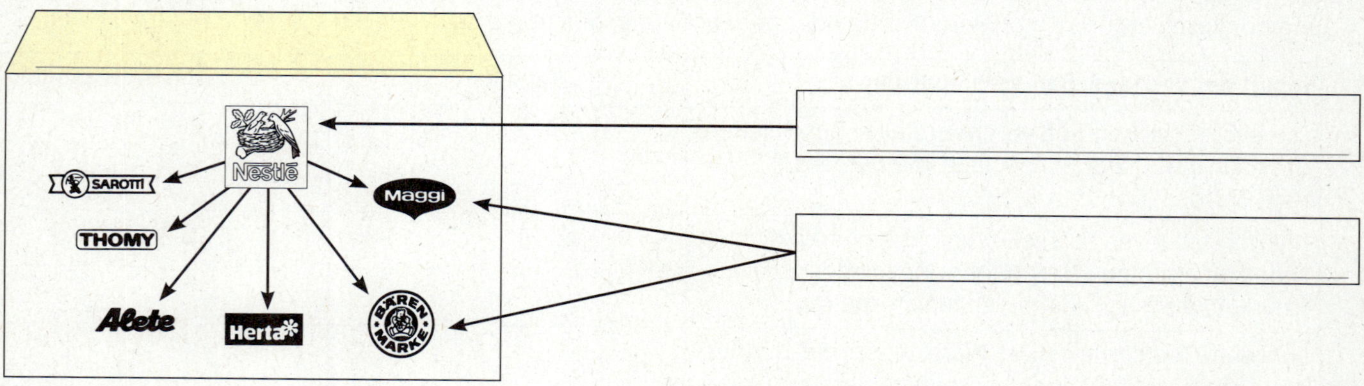

5. Ergänzen Sie die Zusammenfassung über die **Merkmale eines Konzerns.**

- Ein ______________ liegt vor, wenn mehrere Unternehmen unter einheitlicher Leitung stehen.
- Die einzelnen Unternehmen behalten zwar ihre ______________ Selbstständigkeit (Firmenname), verlieren jedoch die ______________ Selbstständigkeit wegen der einheitlichen Leitung.
- Das Konzernunternehmen, das die anderen Unternehmen beherrscht, nennt man ______________ .

- ____________ werden die abhängigen Unternehmen genannt.
- Von einer ____________ spricht man, wenn an der Spitze eines Konzerns eine reine Verwaltungsgesellschaft steht, die selbst nicht produziert.

Trust

6. Die große Einzelhandelskette Schleckermann kauft sämtliche Aktien der Sparkauf AG und der Kaufmarkt AG. Die beiden aufgekauften Unternehmen gehen in der Firma Schleckermann auf. Sämtliche Läden der Sparkauf AG und der Kaufmarkt AG werden zu Schleckermannfilialen.

Die Sparkauf AG und die Kaufmarkt AG sind jetzt Teile eines ____________. Damit haben sie ihre ____________ und ____________ Selbstständigkeit verloren.

7. Nachfolgend sind drei Unternehmenszusammenschlüsse abgebildet. Tragen Sie die Art jedes Zusammenschlusses ein und geben Sie an, ob die einzelnen Unternehmen ihren Firmennamen (rechtliche Selbstständigkeit) verlieren. Überprüfen Sie ebenfalls, ob die beteiligten Firmen ihre wirtschaftliche Selbstständigkeit verlieren (z. B. jedes einzelne Unternehmen bestimmt für sich, was es herstellt, wie viel es produziert oder zu welchen Preisen die Produkte verkauft werden).

Beispiel	Art des Zusammenschlusses	Selbstständigkeit
a) Die drei Rohrreinigungsunternehmen von Berghausen haben die Stadt in drei Gebiete eingeteilt. Hausbesitzer, die eine Kanalverstopfung beseitigen lassen wollen, müssen sich an das jeweils zuständige Unternehmen wenden. 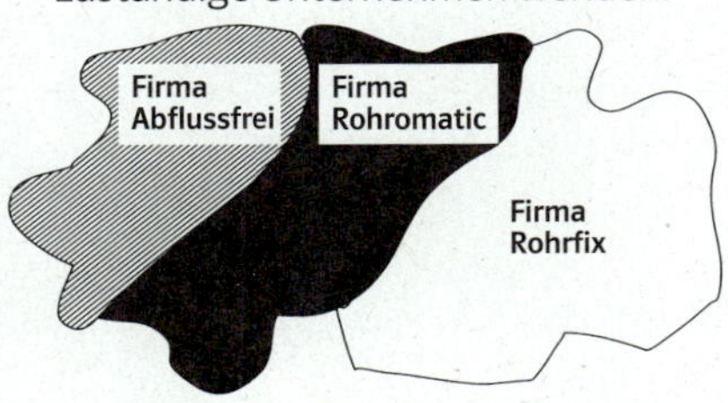 	____________ ____________	☐ rechtliche Selbstständigkeit bleibt erhalten ☐ rechtliche Selbstständigkeit geht verloren ☐ wirtschaftliche Selbstständigkeit bleibt erhalten ☐ wirtschaftliche Selbstständigkeit geht verloren
b) 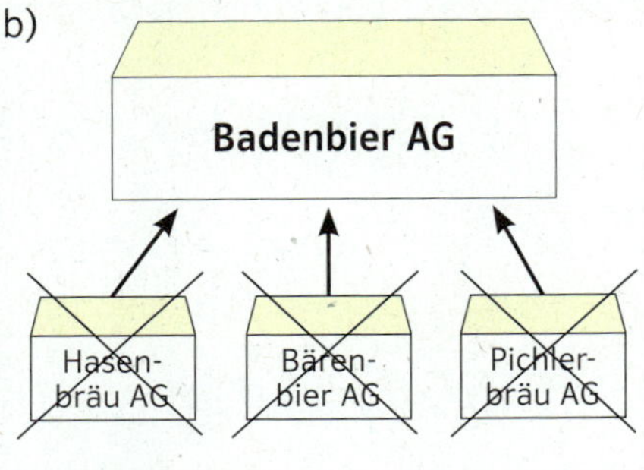 	____________ ____________	☐ rechtliche Selbstständigkeit bleibt erhalten ☐ rechtliche Selbstständigkeit geht verloren ☐ wirtschaftliche Selbstständigkeit bleibt erhalten ☐ wirtschaftliche Selbstständigkeit geht verloren
c) 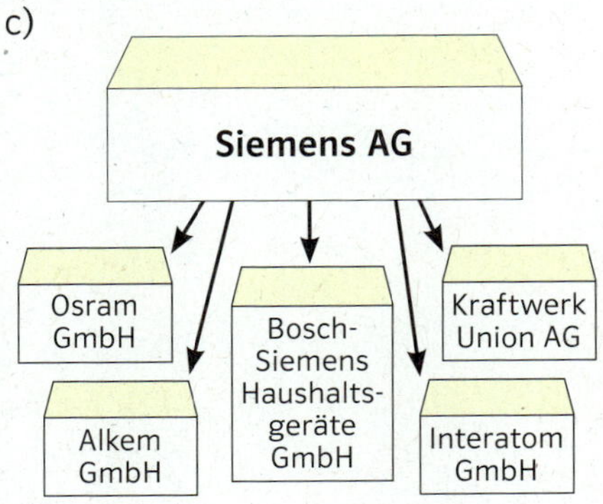 	____________ ____________	☐ rechtliche Selbstständigkeit bleibt erhalten ☐ rechtliche Selbstständigkeit geht verloren ☐ wirtschaftliche Selbstständigkeit bleibt erhalten ☐ wirtschaftliche Selbstständigkeit geht verloren

8. Welche positiven und welche negativen Auswirkungen können Unternehmenszusammenschlüsse haben?

Vorteile von Unternehmens-zusammenschlüssen	Nachteile von Unternehmens-zusammenschlüssen

Staatliche Eingriffe

9. a) Die Mitgliedstaaten der EU betreiben eine gemeinsame Agrarpolitik. Ergänzen Sie das Schaubild und den dazu gehörenden Lückentext durch folgende Begriffe: *Marktpreis, Interventionspreis, Richtpreis.*

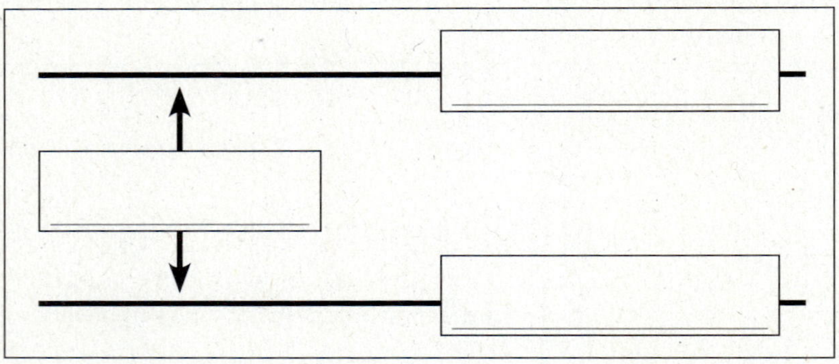

Der ______________ wird von den Landwirtschaftsministern der EU festgelegt und soll den Landwirten ein angemessenes Einkommen sichern.

Der ______________ hängt von der Erntemenge ab; er wird bestimmt durch Angebot und Nachfrage.

Beim ______________ greift die EU-Behörde ein und kauft sämtliche Überschussmengen auf.

b) Welches Problem verursachen diese Eingriffe in den Agrarmarkt und welche Folgen ergeben sich daraus?

10. Geben Sie drei weitere Beispiele für staatliche Eingriffe in den Wettbewerb.

Staatliche Eingriffe in den Wettbewerb

Die freie Marktwirtschaft und die Zentralverwaltungswirtschaft

1. In jedem Staat der Erde laufen die wirtschaftlichen Vorgänge nach unterschiedlichen Regeln ab. Zwar bestehen zwischen den einzelnen Volkswirtschaften zahlreiche Unterschiede, dennoch lassen sich alle auf zwei verschiedene **Wirtschaftsmodelle** (Wirtschaftsordnungen) zurückführen. Ergänzen Sie die Übersicht um diese Modelle und deren Merkmale.

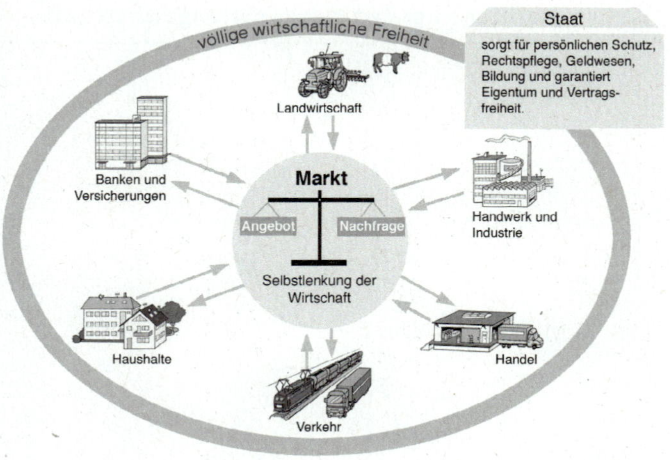

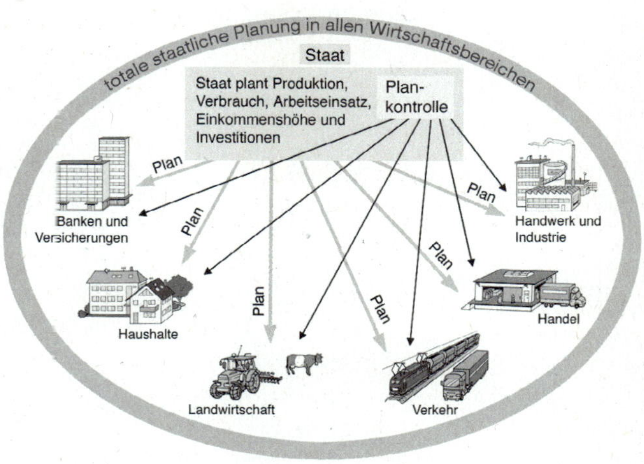

Jeder genießt völlige wirtschaftliche Freiheit, da der Staat nicht in das Wirtschaftsleben eingreift.

Der Staat plant und regelt das gesamte Wirtschaftsleben.

	Wer **steuert** und plant die Wirtschaft?	
	Wem gehören die **Produktionsmittel?**	
	Wie erfolgt die **Preisbildung?**	
	Wer setzt die **Löhne** fest?	
	Welches **Ziel** hat das Wirtschaften?	

2. Sowohl die freie Marktwirtschaft als auch die Zentralverwaltungswirtschaft weisen erhebliche Nachteile auf. Ordnen Sie die folgenden Nachteile dem entsprechenden Wirtschaftsmodell zu: *Arbeitsplatz und Beruf können nicht frei gewählt werden, Ausbeutung wirtschaftlich Schwächerer, aufwändiger Verwaltungsapparat, Monopole und Kartelle können die Preise festsetzen, mangelnder Leistungsanreiz, Versorgungslücken, keine soziale Absicherung der Arbeitnehmer, Konjunkturschwankungen, Arbeitslosigkeit, fantasielose Güterproduktion nach Plan.*

Nachteile der freien Marktwirtschaft	Nachteile der Zentralverwaltungswirtschaft

3. Kreuzen Sie an, ob die folgenden Aussagen auf die freie Marktwirtschaft oder auf die Zentralverwaltungswirtschaft zutreffen.

	Zentralverwaltungswirtschaft	freie Marktwirtschaft
a) Der Markt richtet sich nach den Wünschen der Verbraucher.		
b) Der Staat bestimmt durch genaue Pläne, was investiert und was produziert wird.		
c) Der Staat weist den Auszubildenden die Betriebe zu, da er den Einsatz der Arbeitskräfte steuert.		
d) Unternehmen können den Wettbewerb durch Preisabsprachen einschränken.		
e) Arbeitslosigkeit ist unbekannt, da Arbeitslose zu Lasten der Gesamtwirtschaft „verplant“ werden.		
f) Kleine Planungsfehler in einem Wirtschaftsbereich setzen sich fort und führen zu Versorgungslücken.		
g) Der rücksichtslose Konkurrenzkampf ist beseitigt, die wirtschaftlich Schwächeren werden nicht mehr ausgenutzt.		
h) Wenn ein Anbieter ausfällt, besorgt sich der Nachfrager die benötigten Güter bei einem anderen Lieferanten.		
i) Streiks für bessere Arbeitsbedingungen sind verboten, weil dadurch die Planerfüllung gefährdet würde.		
j) Erfindungen und wirtschaftliche Höchstleistungen sind eine Folge des starken Wettbewerbs.		

Die soziale Marktwirtschaft

1. Die Wirtschaftsordnung der Bundesrepublik Deutschland ist die **soziale Marktwirtschaft.** Sie ermöglicht die Vorteile der freien Marktwirtschaft, verhindert jedoch deren Nachteile. Erläutern Sie anhand der Abbildung, wie diese Aufgabe erreicht wird.

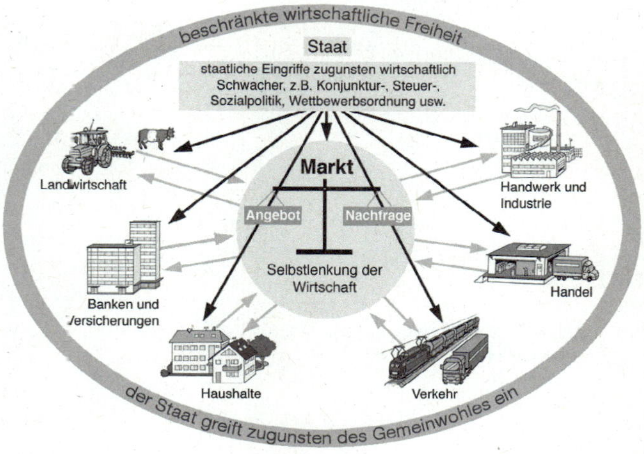

2. Die soziale Marktwirtschaft und die freie Marktwirtschaft sind sich sehr ähnlich. Nennen Sie 3 gemeinsame Merkmale.

Freie Marktwirtschaft	Gemeinsame Merkmale	Soziale Marktwirtschaft

3. In der sozialen Marktwirtschaft greift der Staat auf verschiedene Art und Weise in das Wirtschaftsgeschehen ein. Ergänzen Sie das Schaubild um folgende Begriffe: *Konjunkturpolitik, Sozialpolitik, Wettbewerbspolitik, Strukturpolitik, Einkommenspolitik, öffentliche Unternehmen*

Staatliche Eingriffe in den Wirtschaftsablauf

Ziel: Unterstützung Bedürftiger	**Ziel:** Beeinflussung der Konjunktur	**Ziel:** Unterstützung schwacher Gebiete und Wirtschaftszweige	**Ziel:** gerechte Verteilung von Vermögen	**Ziel:** Sicherstellung der Versorgung der Bevölkerung	**Ziel:** Sicherung des Wettbewerbs

Grundgedanke: Die wirtschaftlich ______________ sollen ______________

4. Wesentliche Bereiche der **Sozialpolitik** sind die soziale Sicherung und der Schutz der Arbeitnehmer. Nennen Sie hierzu jeweils 5 staatliche Maßnahmen.

soziale Sicherung ▷ ______________________________

____

____

____

Arbeitsschutzbestimmungen ▷ ______________________________

____

____

5. Zählen Sie verschiedene Maßnahmen der **Wettbewerbspolitik** auf, die dem Schutz der Verbraucher dienen sollen.

____

____

____

6. Tragen Sie zu den nachfolgenden Beispielen ein, welcher Politik der jeweilige Eingriff zuzuordnen ist.

Beispiel	**Staatlicher Eingriff**
1995 wurde eine Pflegeversicherung eingeführt.	Sozialpolitik
Arbeitnehmer können prämienbegünstigt sparen.	
In einer Großstadt wird ein weiteres städtisches Krankenhaus gebaut.	
Ältere Arbeitslose können länger Arbeitslosengeld beziehen.	
Die Elternzeit kann bis zu 36 Monate betragen.	
Um die Wirschaft anzukurbeln, wird die Besteuerung der Unternehmen gesenkt.	
Die Landwirtschaft und der Bergbau erhalten Subventionen.	
Höhere Einkommen werden stärker besteuert.	
Um die Wirtschaft anzukurbeln, werden mehr Staatsaufträge vergeben.	
Die Stadt Berghausen plant für ihren städtischen Verkehrsbetrieb eine weitere Buslinie.	
Wegen verbotenen Preisabsprachen werden jedes Jahr zahlreiche Bußgelder gegen die betroffenen Unternehmen verhängt.	
Bei der städtischen Müllabfuhr wird eine „Bio-Tonne“ eingeführt.	

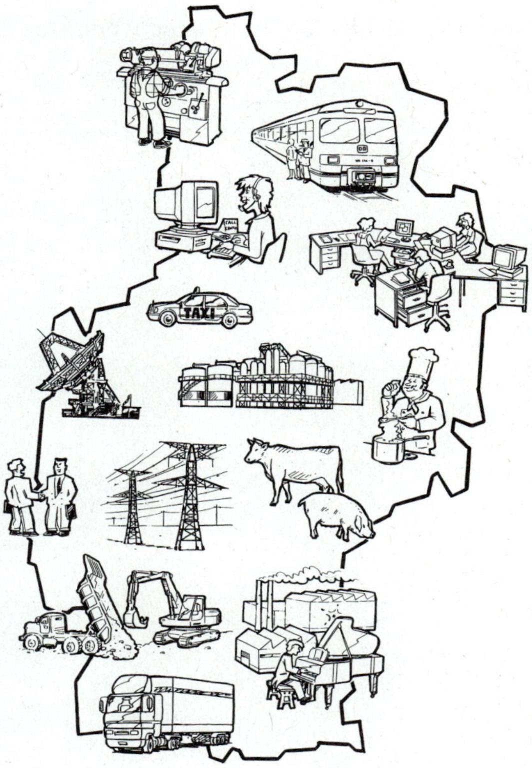

1. Ergänzen Sie die folgende Abkürzung:

B ________ **I** ________ **P** ________

Erläutern Sie, was man darunter versteht.

____

____

____

____

____

____

____

____

2. Entnehmen Sie der nebenstehenden Grafik, um wie viel % das Bruttoinlandsprodukt im Jahr 2007 gestiegen ist.

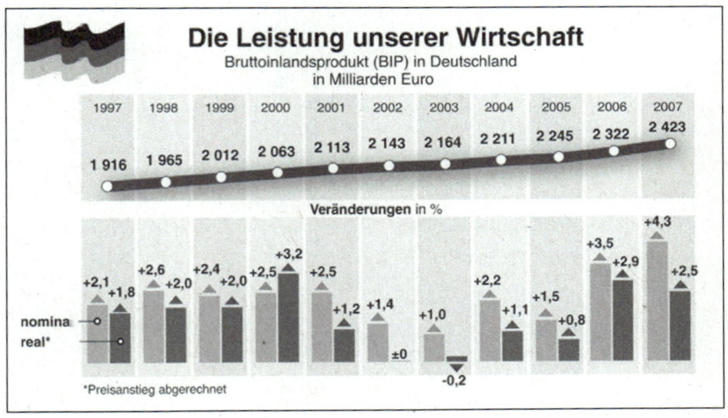

______________________ ______________________

Bruttoinlandsprodukt ↓ **Bruttoinlandsprodukt** ↓

______________________ ______________________

3. Man unterscheidet ein **„nominales"** und ein **„reales Bruttoinlandsprodukt"**. Ergänzen Sie die Abbildung um folgende Begriffe: *reales Bruttoinlandsprodukt, nominales Bruttoinlandsprodukt, Preissteigerungen.*

____
Es wird zu derzeitigen Marktpreisen ermittelt.

____
Es berücksichtigt die Inflationsrate und informiert deshalb über das tatsächliche Wachstum einer Volkswirtschaft.

4. Weshalb ist die Aussagekraft des **Bruttoinlandsproduktes** begrenzt?

5. Obwohl das reale Bruttoinlandsprodukt gestiegen ist, kann der Lebensstandard einer Bevölkerung gesunken sein. Erläutern Sie diese Aussage. Betrachten Sie hierzu die nachfolgende Statistik aus dem Jahr 2006.

	Bangladesch	Schweiz	Volksrepublik China	USA
Einwohnerzahl	147,4 Mio.	7,5 Mio.	1321 Mio.	301,3 Mio.
Bruttoinlandsprodukt	62 Mrd. $	367 Mrd. $	2209 Mrd. $	14 084 Mrd. $
Bruttoinlandsprodukt pro Einwohner	410 $	52 879 $	1691 $	46 460 $

6. Das Bruttoinlandsprodukt kann auf drei verschiedene Arten ermittelt werden. Ergänzen Sie die Übersicht.

Bruttoinlandsprodukt

Entstehungsrechnung
Sie gibt an, wo das Bruttoinlandsprodukt erarbeitet wurde.

z. B. ____________

Verwendungsrechnung
Sie gibt an, wofür das Bruttoinlandsprodukt verwendet wurde.

z. B. ____________

Verteilungsrechnung
Sie gibt an, wie man das Bruttoinlandsprodukt verteilt hat.

z. B: ____________

Ziele des Stabilitätsgesetzes (Magisches Viereck)

1. Wirtschaftskrisen können zu großer Not für weite Teile der Bevölkerung führen. Um dies zu verhindern, beeinflusst der Staat das Wirtschaftsgeschehen. Im **Stabilitätsgesetz** von 1967 sind die **Hauptziele der staatlichen Wirtschaftspolitik** festgelegt. Setzen Sie diese Ziele in das Schaubild ein.

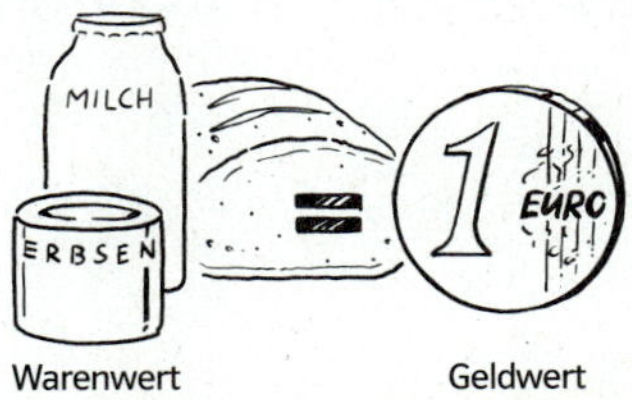

____

____

Das magische Viereck

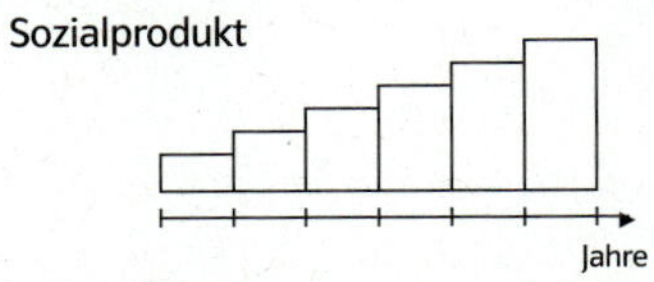

____

____

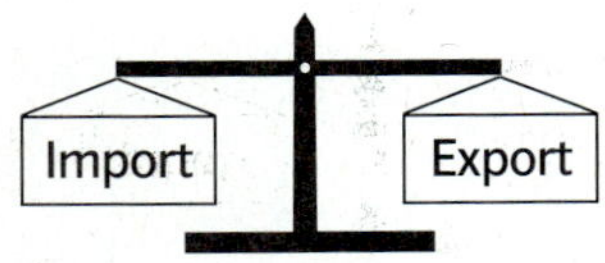

____

____

2. Tragen Sie ein, auf welches der vier Ziele des magischen Vierecks sich die folgenden Sachverhalte hauptsächlich auswirken? Geben Sie außerdem an, ob das jeweilige Ziel dadurch erfüllt oder nicht erfüllt wird.

Sachverhalt	**Vollbeschäftigung**	**Preisstabilität**	**Außenwirtschaftliches Gleichgewicht**	**Angemessenes Wirtschaftswachstum**	**erfüllt/ nicht erfüllt**
Die Arbeitslosenquote ist auf 7,9 % gestiegen.	×				nicht erfüllt
Das Bruttoinlandsprodukt ist um 3,5 % gestiegen.					
Die Lebenshaltungskosten sind um 4,2 % gestiegen.					
Die Exportüberschüsse der Bundesrepublik betrugen 25 Mrd. €.					
Durch Arbeitsbeschaffungsmaßnahmen sinkt die Zahl der Arbeitslosen auf 1,8 %.					

3. Weshalb spricht man bei den Hauptzielen der staatlichen Wirtschaftspolitik vom **„magischen Viereck"?**

____

____

____

____

4. Überlegen Sie anhand der beiden Beispiele, welche Auswirkungen sich ergeben, wenn die Ziele des magischen Vierecks nicht erreicht werden. Ergänzen Sie hierzu die beiden Lückentexte durch folgende Begriffe: Inflation, Gütermenge, Kaufkraft, Produktion, Nachfrage, Arbeitsplätze, Geldmenge, entlassen.

Nicht erreicht: **Vollbeschäftigung**	Nicht erreicht: **außenwirtschaftliches Gleichgewicht**
Wird die Vollbeschäftigung nicht erreicht, dann verfügt die Bevölkerung über weniger ____________. Die Bürger können weniger Güter kaufen. Aufgrund der gesunkenen ____________ vermindern die Unternehmen ihre ____________. Noch mehr Arbeitnehmer werden ____________.	Bei einer zu hohen Ausfuhr fließt viel Geld ins Inland zurück, die ____________ wächst schneller als die ____________. Eine ____________ kann entstehen. Bei einer sehr geringen Ausfuhr sind viele ____________ gefährdet.

5. Um welche wichtigen Ziele wurde das magische Viereck zum magischen Sechseck erweitert? Vervollständigen Sie die Abbildung um die **Ziele des magischen Sechsecks.**

Vollbeschäftigung

Preisstabilität

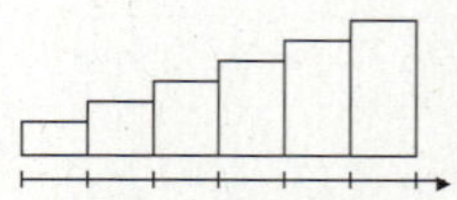

angemessenes Wirtschaftswachstum

Das magische Sechseck

außenwirtschaftliches Gleichgewicht

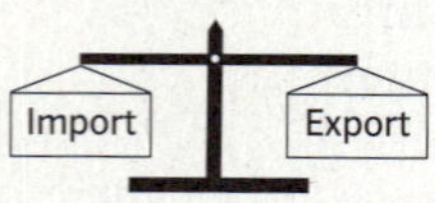

____

____

____

6. Wird ein wirtschaftspolitisches Ziel angestrebt, so werden unter Umständen dadurch andere Ziele gefährdet. Überlegen Sie, welche wirtschaftspolitischen Ziele vorwiegend gefährdet sind.

angestrebtes Ziel:
stabile Preise

gefährdet

____

____

____

angestrebtes Ziel:
Wirtschaftswachstum

gefährdet

____

____

____

Konjunkturprobleme

1. a) Zeigen Sie an der Entwicklung des realen Bruttoinlandsproduktes (BIP), wie sich die Konjunktur in den letzten Jahren verändert hat. Entnehmen Sie die hierzu erforderlichen Zahlen dem Schaubild auf S. 101.

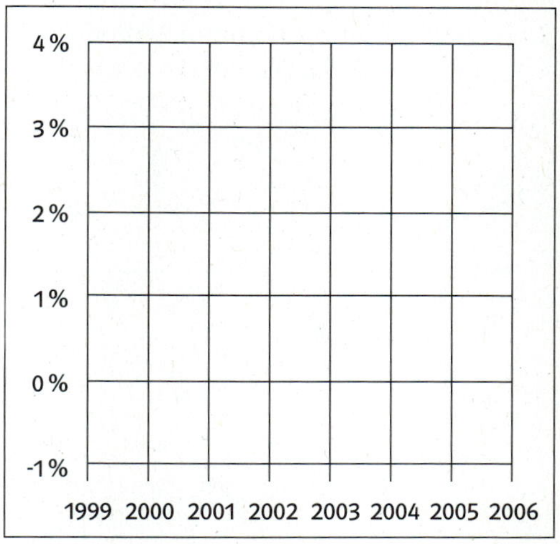

b) Erläutern Sie, was man demnach unter **„Konjunktur"** versteht.

____

____

____

____

2. Man unterscheidet vier **Konjunkturphasen.** Ergänzen Sie die Abbildung über den Konjunkturverlauf.

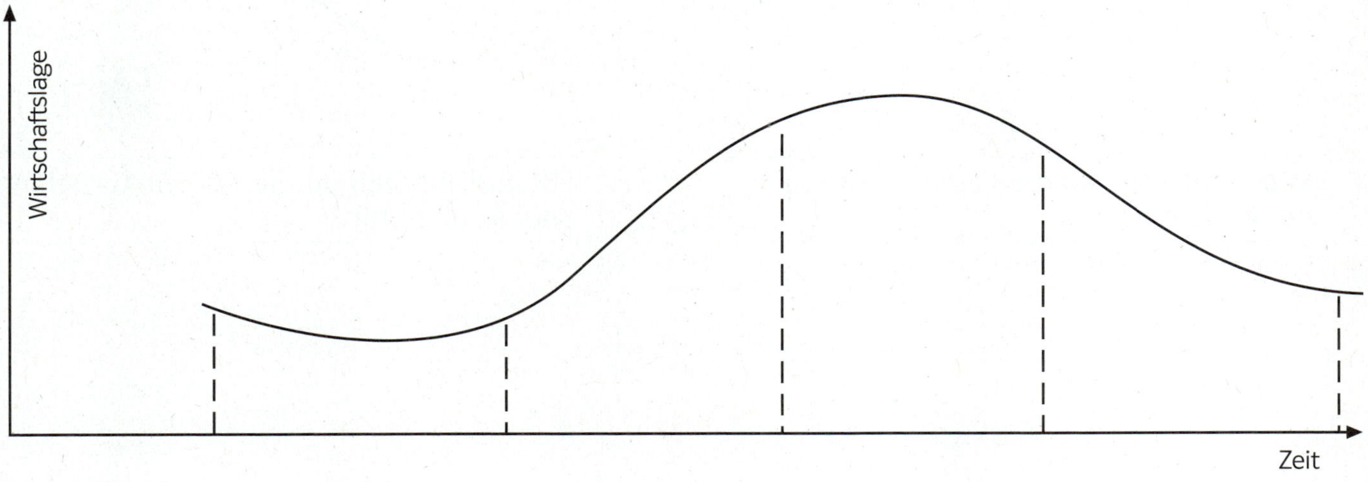

	______	______	______	______
Preise/ Einkommen	tief	______	______	______
Nachfrage/ Produktion	______	______	______	______
Investitionsbereitschaft	______	______	______	______
Zinssätze/ Aktienkurse	______	______	______	______
Arbeitslosenzahl	______	______	niedrig ➔ – Vollbeschäftigung – Arbeitskräftemangel	______

3. Tragen Sie in den beiden Abbildungen ein, auf welche Konjunkturphasen die zwei Pfeile hinweisen. Ergänzen Sie außerdem, wodurch sie die Wirtschaft belasten.

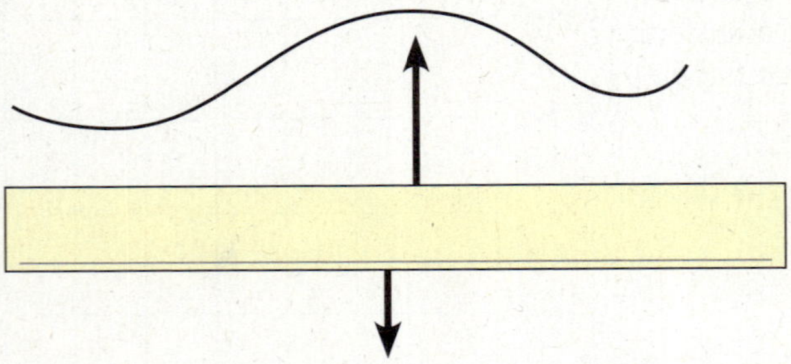

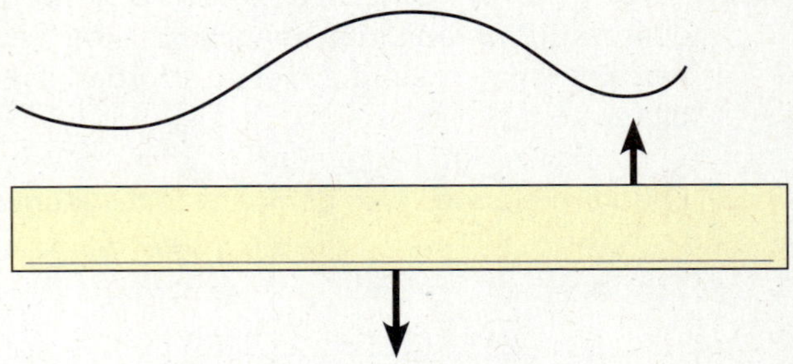

4. Tragen Sie ein, mit welchen Maßnahmen der Staat die Konjunktur ankurbeln oder dämpfen kann.

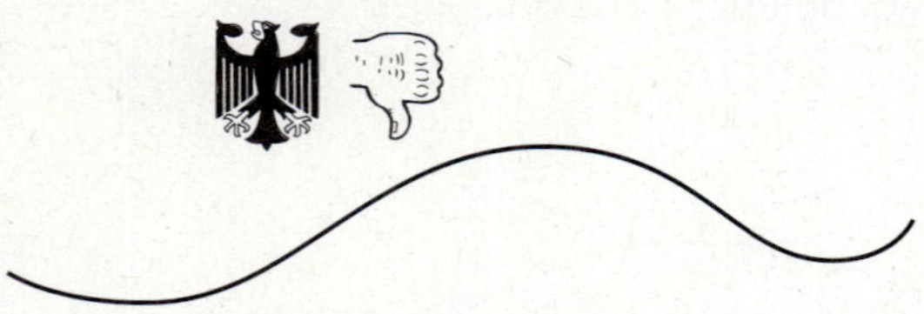

Staatliche Maßnahmen zur Dämpfung der Konjunktur.

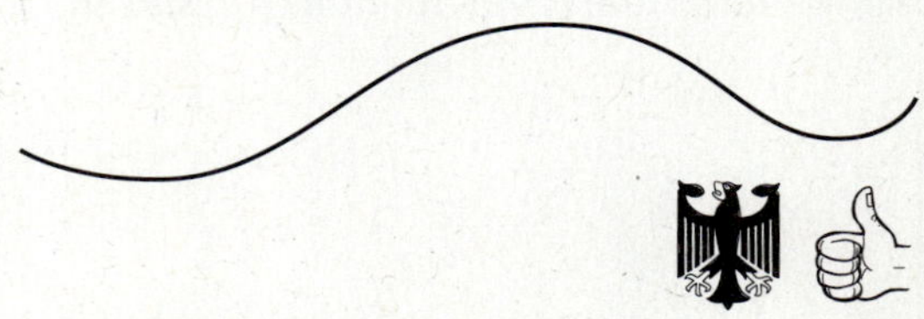

Staatliche Maßnahmen zur Ankurbelung der Konjunktur.

Die Konjunkturpolitischen Maßnahmen des Staates erfolgen **antizyklisch,** d.h. ____________

5. Kreuzen Sie an, welche Aussagen zutreffen.

- [ ] In der Rezession erhöhen die Unternehmen die Produktion besonders, damit sie die gestiegene Nachfrage zufrieden stellen können.
- [ ] Eine Expansion liegt vor, wenn sich die Auftragseingänge der Wirtschaft erhöhen sowie Beschäftigung, Investitionen und Preise steigen.
- [ ] Die geringste wirtschaftliche Tätigkeit ist während einer Depression.
- [ ] Bei einer Rezession gehen die Aufträge zurück, die Unternehmer verringern ihre Investitionen und die Arbeitslosigkeit nimmt zu.
- [ ] Während der Hochkonjunktur gibt es sehr viele Arbeitslose.
- [ ] Während einer Depression und einer Expansion gehen die Steuereinnahmen des Staates zurück.

Probleme der sozialen Sicherung

1. Übertragen Sie die Daten über die Entwicklung der Arbeitslosigkeit, der Zahl der Rentner sowie der Rentenbeitragszahler in das jeweilige Schaubild und beschriften Sie die eingetragenen Kurven.

Jahr	1993	1995	1997	1999	2001	2003	2005	2007	2008
Arbeitslose in Mio.	3,4	3,6	4,4	4,1	3,9	4,4	4,9	3,8	3,5

Jahr	2000	2010	2020	2030
Rentner in Mio.	20,3	23,3	25,1	27,3
Beitragszahler in Mio.	32,6	31,1	28,2	23,6

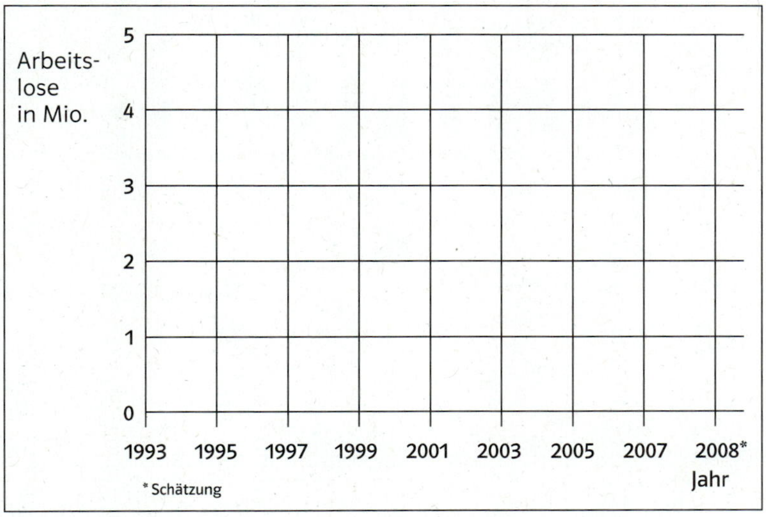

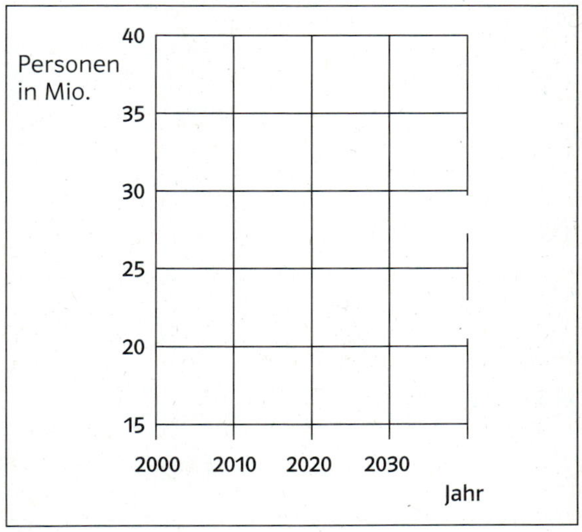

2. Beschreiben Sie die Probleme der sozialen Sicherung am Beispiel der Sozialversicherungen.

Je mehr die Zahl der Arbeitslosen und Rentner steigt, um so geringer werden die ______________________.

➥ Gleichzeitig steigen die Ausgaben für ______________________________.

➥ Um diese Ausgaben zu finanzieren, müssen die ______________________________

____

➥ Hinzu kommt, dass durch die Überalterung der Bevölkerung auch ______________________

____

➥ **Die Folge:** ____

____

____

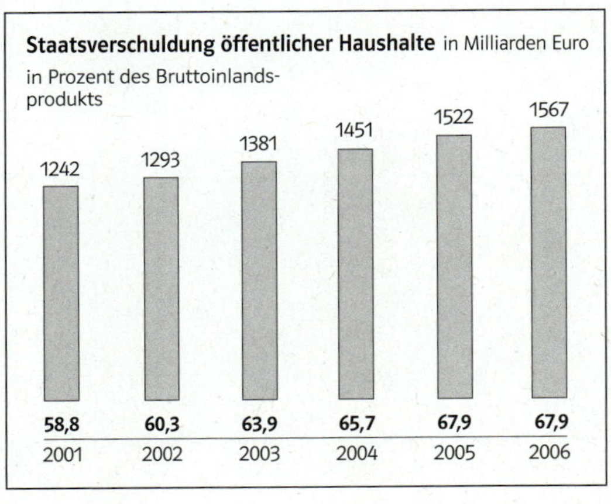

3. Erläutern Sie den Zusammenhang zwischen den Problemen der sozialen Sicherung und der Entwicklung der Staatsverschuldung:

____

____

____

____

____

____

Privatisierung

1. Erläutern Sie mit Hilfe des Schaubildes, weshalb zunehmend öffentliche Unternehmungen privatisiert werden.

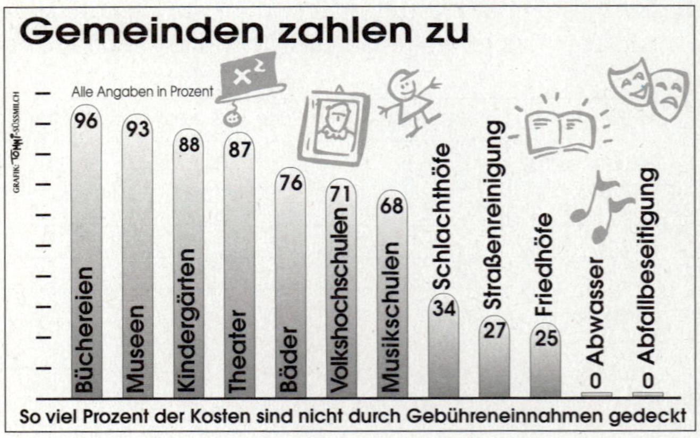

____

____

____

____

____

____

____

____

Harmonisierung in der EU

2. Ergänzen Sie mit Hilfe des Schaubildes den Text über eines der dringlichsten Probleme der europäischen Einigung.

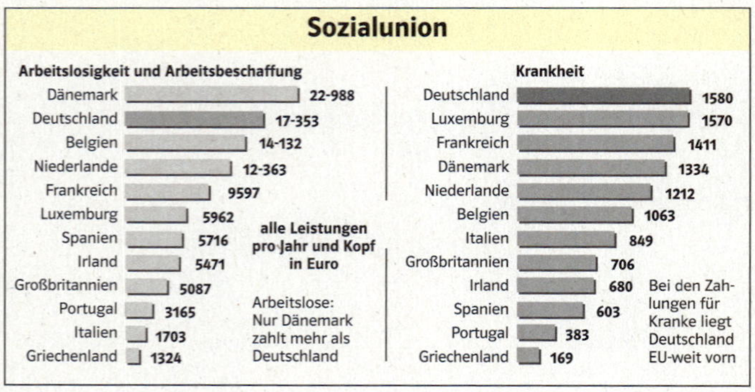

Wenige EU-Länder haben so ______________ Löhne und Sozialstandards wie Deutschland.

Werden diese Unterschiede nicht angeglichen, besteht die Gefahr, dass ______________________________ z. B. nach Deutschland abwandern. Umgekehrt könnten ______________________ ihre Produktion in Länder mit niedrigem Standard verlagern. Große Probleme für die gesamte EU und die betroffenen Länder wären die Folge. Um die Wettbewerbsfähigkeit ihrer Industrie nicht zu schmälern, wollen viele EU-Länder, dass die EU sich an ihrem niedrigen Niveau orientiert. Ob eine **Harmonisierung** auf dem ________________ Niveau von Deutschland erfolgt, ist deshalb sehr fraglich.

3. Das nebenstehende Schaubild weist auf ein weiteres Problem der europäischen Einigung hin. Nennen Sie dieses und geben Sie weitere an.

____

____

____

____

____

____

____

____

____

Steuern, Gebühren, Beiträge

1. Den Großteil der Staatseinnahmen erbringen die **öffentlichen Abgaben.** Ergänzen Sie das Schaubild.

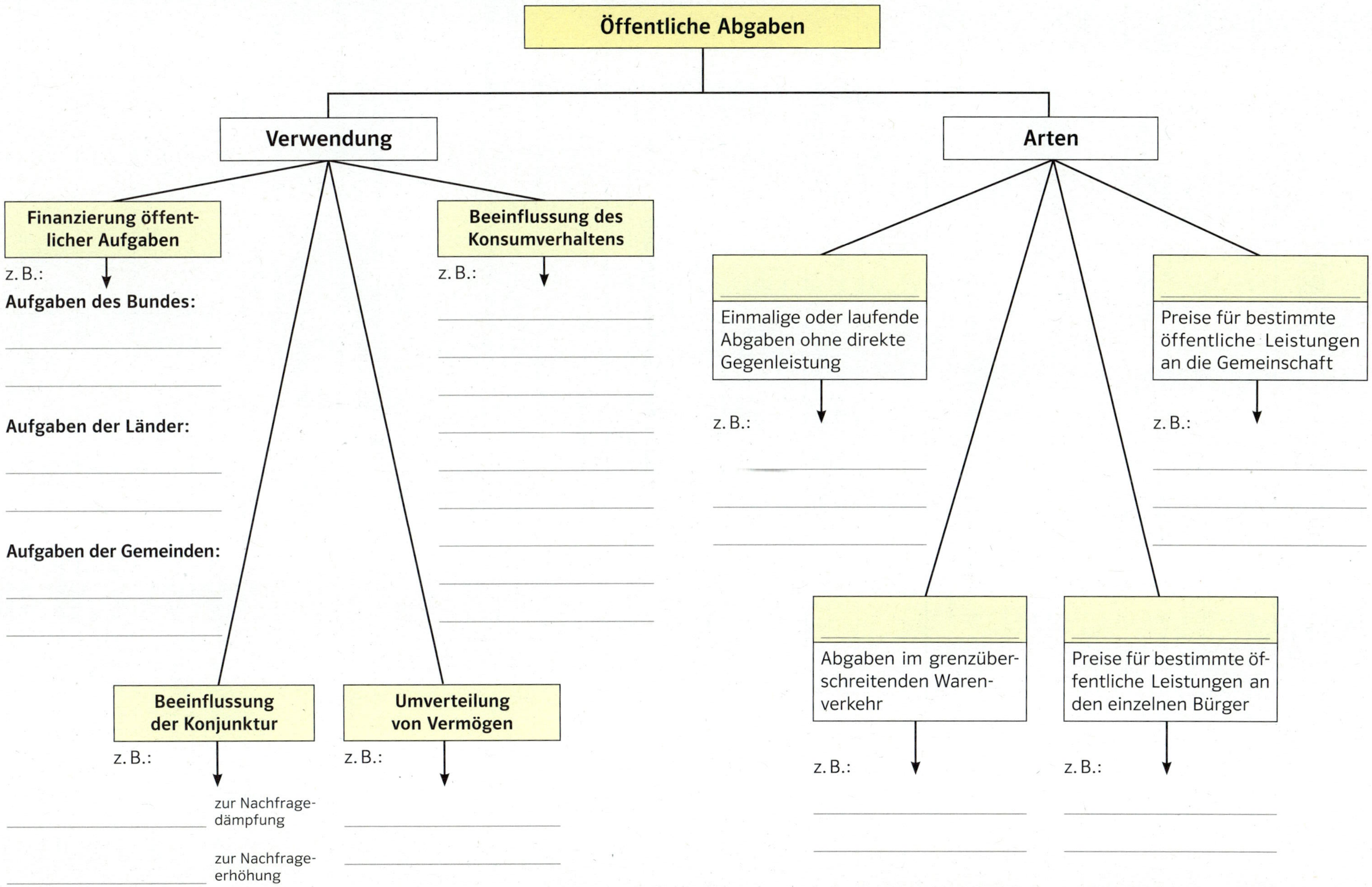

2. Ergänzen Sie die nachfolgende Übersicht über die **Einteilung der Steuern.**

Einteilung nach der Erhebungsart

____________	____________
Der Steuerpflichtige wird unmittelbar besteuert. Er kennt die Steuerhöhe und führt die Steuerschuld auch an das Finanzamt ab.	Die Steuern sind im Endverkaufspreis enthalten. Der Verkäufer führt sie an das Finanzamt ab, der Käufer zahlt sie indirekt.
z. B. ____________	z. B. ____________

Einteilung nach dem Steuergegenstand

____________	____________	____________
werden auf bestimmte Verbrauchsgüter erhoben.	sind an bestimmte Vorgänge im Wirtschaftsleben gebunden.	beziehen sich auf das Vermögen bzw. das Einkommen.
z. B. ____________	z. B. ____________	z. B. ____________

Einteilung nach dem Steuerempfänger

____________	____________	____________	____________
z. B.: Tabaksteuer, Mineralölsteuer	z. B.: Kfz-Steuer, Biersteuer	z. B.: Grundsteuer, Gewerbesteuer	z. B.: Lohnsteuer, Mehrwertsteuer

3. Jedes nachfolgende Beispiel weist auf eine besondere Steuer hin. Tragen Sie diese ein und geben Sie an, ob es sich um eine Verkehrssteuer, eine Verbrauchssteuer oder eine Besitzsteuer handelt. Kreuzen Sie außerdem an, ob eine direkte oder eine indirekte Steuer vorliegt.

Beispiele:	Welche Steuer fällt an?	Verbrauchssteuer, Verkehrssteuer oder Besitzsteuer?	direkte Steuer	indirekte Steuer
Herr Bauer erbt das Haus seiner Tante.				
Karin meldet ihr neues Auto bei der Zulassungsstelle an.				
Klaus feiert die bestandene Gesellenprüfung mit einer Flasche Sekt.				
Hugo Dampf kauft eine neue Packung Zigaretten.				
Familie Müller wohnt in einer Eigentumswohnung.				

Besteuerung des Einkommens

1. Jeder, der Einnahmen aus den folgenden sieben **Einkunftsarten** bezieht, ist **einkommensteuerpflichtig.**

Einkünfte aus	Beispiele
1. Land- und Forstwirtschaft	
2. Gewerbebetrieb	
3. selbstständiger Arbeit	
4. nichtselbstständiger Arbeit	
5. Kapitalvermögen	
6. Vermietung und Verpachtung	
7. sonstige Einkünfte	

Ordnen Sie die folgenden Einkünfte der entsprechenden obenstehenden Einkunftsart zu:

Mieter überweist fällige Miete, Ausbildungsvergütung, Einkünfte eines selbstständigen Fleischers, Zinsen für Festgeldanlage, Steuerberater schreibt Rechnung, Frau Berger erhält Altersrente, Gärtner verkauft Gemüse

2. Eine besondere Form der Einkommensteuer ist die **Lohnsteuer.** Sie ist die wichtigste Einnahmequelle des Staates. Wie wird die Lohnsteuer erhoben?

3. Wie wird die **Einkommensteuer** entrichtet?

Alle Eintragungen in der Lohnsteuerkarte genau prüfen!

Ordnungsmerkmal des Arbeitgebers

Lohnsteuerkarte 2008

Finanzämter in Stuttgart: Telefon-Nr. für alle Finanzämter 6 67 30
Buchstabe A-H: FA Stuttgart I, 70173 Stuttgart Rotebühlpl. 30, (Finanzamt-Nr. 2893)
Buchstabe I-R: FA Stuttgart II, 70178 Stuttgart Rotebühlstr. 40, (Finanzamt-Nr. 2895)
Buchstabe S-Z: FA Stuttgart III, 70173 Stuttgart Rotebühlpl. 30, (Finanzamt-Nr. 2897) AGS **08 111 000**

Ihr zuständiges Finanzamt: 70176 STUTTGART I Nr 2893

Geburtsdatum: 27.04.1979

Landeshauptstadt Stuttgart, Amt für öffentliche Ordnung, Postfach 10 60 34, 70049 Stuttgart

MUSTERMANN, WERNER
MUSTERGASSE 65

70173 STUTTGART

I. Allgemeine Besteuerungsmerkmale

Steuerklasse	Kinder unter 18 Jahren: Zahl der Kinderfreibeträge
DREI	2,0

Kirchensteuerabzug: EV

(Datum) 16.02.2008

(Gemeindebehörde)

4. a) Welche wichtigen Angaben entnimmt der Arbeitgeber der Lohnsteuerkarte?

b) Am Jahresende sowie beim Ausscheiden aus dem Betrieb stellt der Arbeitgeber an Hand der Lohnsteuerkarte eine Lohnsteuerbescheinigung aus. Welche Angaben enthält diese?

4. Die Grundlage für die Besteuerung sind die **Steuerklassen.** Man unterscheidet die Steuerklassen I bis VI. Durch die Einteilung sollen persönliche Verhältnisse wie Familienstand, Kinderzahl usw. berücksichtigt werden. In den einzelnen Steuerklassen ist die Steuer deshalb unterschiedlich hoch. Tragen Sie bei den folgenden Beispielen die entsprechende Steuerklasse ein.

Beispiel	Steuerklasse
Herr Müller ist verheiratet, seine Frau ist nicht berufstätig.	
Frau Baumann ist alleinstehend.	
Frau Gruber ist ledig und hat eine 6-jährige Tochter mit der sie allein lebt.	
Manuela und Martin sind frisch verheiratet. Manuela verdient 1600 €, Martin 1400 €.	
Herr Bauer verdient 2000 €, seine Frau arbeitet halbtags und bekommt 800 €.	

5. Der Steuersatz steigt mit zunehmendem Einkommen. Tragen Sie in das Schaubild die **Zonen** des **Einkommensteuertarifs** ein und geben Sie den zugehörigen Steuersatz an.

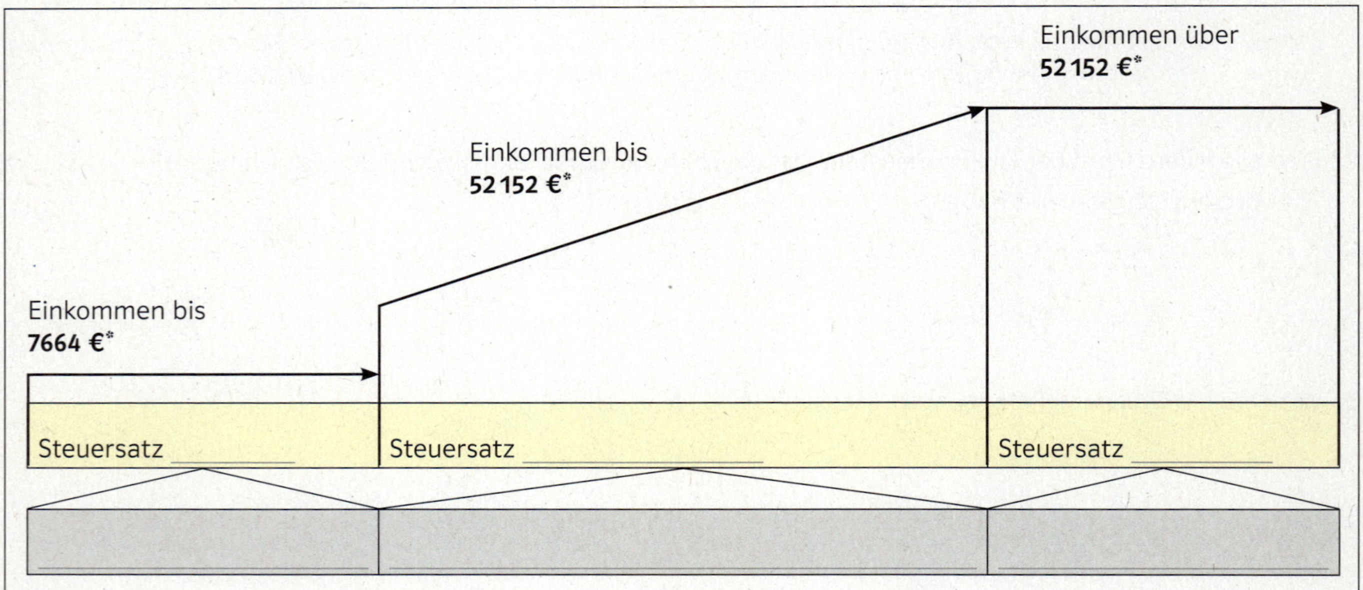

* Die genannten Beträge gelten für Ledige. Für zusammen veranlagte Ehegatten gelten die doppelten Beträge.

6. Anhand der Lohnsteuerkarte ermittelt der Arbeitgeber, wie viel Lohnsteuer er einbehalten muss. In diese Steuertabelle sind bereits verschiedene steuerfreie Beträge eingearbeitet, wie z. B. der Arbeitnehmerpauschbetrag (er enthält die Werbungskosten), die Vorsorgepauschale oder der Sonderausgabenpauschbetrag.
Erläutern Sie in diesem Zusammenhang, was man unter **Werbungskosten** versteht.

Grundzüge der Einkommensteuererklärung

Uwe Schmitt hatte im vergangenen Jahr ein zu versteuerndes Jahreseinkommen von rund 30 000,00 €. Anhand seiner Unterlagen stellt er fest, dass er im abgelaufenen Jahr folgende Ausgaben hatte:
- Arbeitskleidung 105,20 €
- Fachbücher 40,60 €
- Spende an die Welthungerhilfe 400,00 €
- Gewerkschaftsbeiträge 350,00 €
- Kosten für ein Fortbildungsseminar 240,00 €
- Fahrten zum Arbeitsplatz an 222 Tagen (anrechenbare Entfernung 17 km, Entfernungspauschale: 0,30 €)

1. Ermitteln Sie anhand der nachfolgenden Aufstellung Uwes anrechenbare **Werbungskosten** und **Sonderausgaben.**

Ermittlung der anrechenbaren Werbungskosten
Fahrtkosten: 17 km x 222 Tage x ______ € =
+
+
+
+
= entstandene Werbungskosten
– Arbeitnehmerpauschbetrag
= **anrechenbare Werbungskosten**

Ermittlung der anrechenbaren Sonderausgaben	
bezahlte Kirchensteuer (laut Lohnsteuerbescheinigung)	449,91 €
+	
= entstandene Sonderausgaben	
– Sonderausgabenpauschbetrag	
= **anrechenbare Sonderausgaben**	

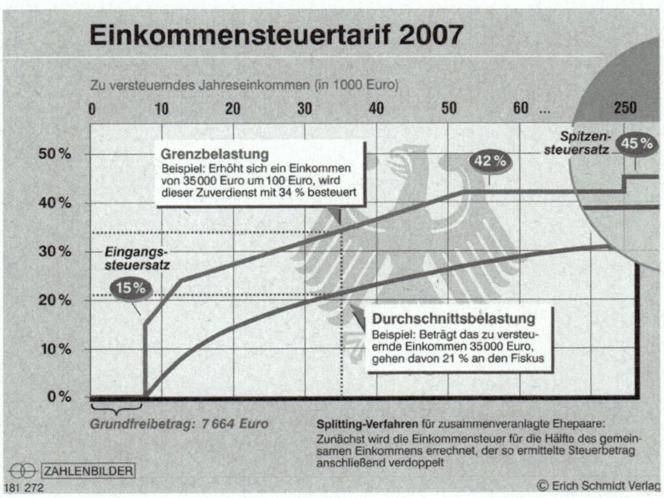

2. In einer Illustrierten hat Uwe die nebenstehende Abbildung entdeckt. Berechnen Sie anhand des Schaubildes, wie viel Euro Uwe vom Finanzamt durch seine Steuererklärung zurückerhält.

____

\+ ______________________________

____

→ ______________________________

____

3. Neben höheren Sonderausgaben und höheren Werbungskosten gibt es noch andere Gründe, bei denen es sich lohnt, eine „freiwillige Einkommensteuererklärung" durchzuführen. Nennen Sie mindestens drei solcher Gründe.

____

____

____

____

Ziele erwerbswirtschaftlicher und öffentlicher Unternehmen

1. Ergänzen Sie das Schaubild:

Unternehmen

____

Sie gehören dem Bund, den Ländern oder den Gemeinden.

Hauptziel:

____

Weitere Ziele:

____
____
____
____
____

____

Sie versuchen durch ihre Tätigkeit einen Gewinn zu erzielen.

Hauptziel:

____

Weitere Ziele:

____
____
____
____
____

2. Zeigen Sie an einem Beispiel, dass öffentliche Unternehmen vor allem nach dem Bedarfsdeckungsprinzip handeln.

____
____
____

3. Kreuzen Sie an.

Beispiel	**Unternehmen**		**Hauptziel**	
	erwerbswirtschaftliches	**öffentliches**	**Bedarfsdeckung**	**maximaler Gewinn**
Warenhaus				
Städtische Wasserwerke				
Kreiskrankenhaus				
Konservenfabrik				
Städtische Verkehrsbetriebe				
Boutique				

Genossenschaften

Friedrich Wilhelm Raiffeisen

1. In der Mitte des vorigen Jahrhunderts wurden in Deutschland die ersten Genossenschaften gegründet. Welche besondere **Zielsetzung** unterscheidet eine Genossenschaft von den anderen Unternehmungsformen?

____

____

____

____

____

2. Entsprechend den Aufgaben, welche die Mitglieder gemeinsam bewältigen wollen, unterscheidet man verschiedene **Arten von Genossenschaften.** Tragen Sie in der Übersicht die jeweilige Genossenschaftsart ein.

Art der Genossenschaft	Ziel
	Volksbanken und Raiffeisenbanken sollen ihren Mitgliedern günstige Kredite und preiswerte Bankgeschäfte anbieten.
	Verarbeitung der von den Mitgliedern erzeugten Produkte z. B. durch Molkereien oder Winzergenossenschaften.
	Gemeinsamer Verkauf der von den Mitgliedern (z. B. Obsterzeuger) hergestellten Erzeugnisse.
	Die Mitglieder (z. B. Bäcker, Schreiner) wollen Rohstoffe, Waren, Werkzeuge usw. durch Großeinkauf preisgünstiger beziehen.

3. Ergänzen Sie die Übersicht über die **Merkmale der Genossenschaft.**

Die Genossenschaft (eG)

Die **Mindestzahl** der Mitglieder beträgt:	Die **Beteiligung** heißt:	Die **Mitglieder** nennt man:	Die **Haftung** ist i.d.R. beschränkt auf:

4. Ordnen Sie den Organen der Genossenschaft folgende Aussagen zu: *jeder Genosse hat eine Stimme, leitendes Organ, kontrollierendes Organ, wählt Vorstand, Wahl durch Generalversammlung, beschließendes Organ.*

Generalversammlung	Vorstand	Aufsichtsrat

Betrieb und Unternehmung

1. In der Umgangssprache werden die Begriffe „Betrieb" und „Unternehmung" sehr oft so gebraucht, als hätten sie die gleiche Bedeutung. Dennoch bestehen erhebliche Unterschiede. Ergänzen Sie das Schaubild mit diesen Begriffen; und tragen Sie die jeweiligen Aufgaben ein.

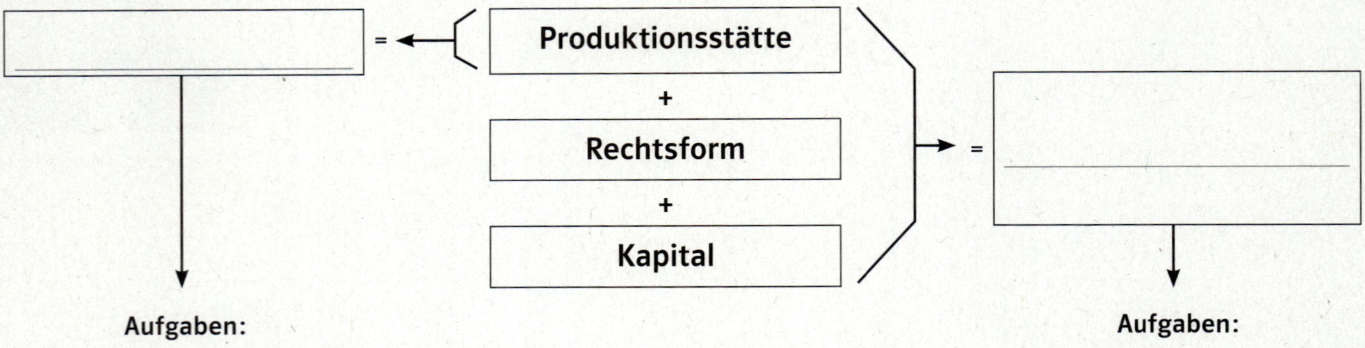

2. Weshalb spricht man in Staaten mit Zentralverwaltungswirtschaft (Planwirtschaft) nur von Betrieben und nicht von Unternehmungen?

3. Vervollständigen Sie den Lückentext, indem Sie folgende Begriffe sinnvoll verwenden: *Produktion (1x), Entscheidungen, Unternehmungen (3x), Betrieb (2x), Gütern, Betriebe (2x), Dienstleistungen*

Die Unternehmung ist dem Betrieb übergeordnet. Jede __________ ist ein __________, aber nicht jeder __________ ist eine __________. Eine Unternehmung kann mehrere __________ haben, z. B. die Unternehmung Daimler-Chrysler AG mit Sitz in Stuttgart besitzt __________ (Produktionsstätten) in Stuttgart, Sindelfingen, Rastatt usw. Betriebe gibt es in allen Wirtschaftssystemen, die __________ aber nur in marktwirtschaftlichen. Jeder Betrieb ist die Stätte der __________ von __________ und __________. Im Gegensatz zu Betrieben können in Unternehmungen selbstständige __________ getroffen werden.

Betriebsarten

1. Teilen Sie die Betriebe entsprechend ihrer Größe ein.

bis 20 Beschäftigte

→

20–100 Beschäftigte

→

100–1000 Beschäftigte

→

über 1000 Beschäftigte

2. Man unterscheidet Produktionsbetriebe, Dienstleistungsbetriebe und Handelsbetriebe. Kreuzen Sie an.

	Produktionsbetrieb		**Dienstleistungsbetrieb**	**Handelsbetrieb**
	Urproduktionsbetrieb	Verarbeitungsbetrieb		
Kleiderfabrik				
Fluggesellschaft				
Lebensmittelgeschäft				
Hühnerfarm				
Krankenversicherung				
Schuhgeschäft				
Brotfabrik				
Kiesgrube				
chemische Reinigung				
Schreibwarengeschäft				
Autofabrik				
Schreinerei				

3. Vergleichen Sie den Handwerksbetrieb mit dem Industriebetrieb nach den angegebenen Merkmalen.

Handwerksbetrieb		**Industriebetrieb**
	← Betriebsgröße →	
	← beschäftigte Arbeitnehmer →	
	← Abnehmer →	
	← Fertigungsarten →	
	← Leistungen →	
	← Pflichtmitgliedschaft →	

Aufgaben des Betriebes

1. Als kleinste Einheit der Wirtschaft ist jeder Betrieb in ein Netz von Beziehungen eingeordnet. Ergänzen Sie das Schaubild.

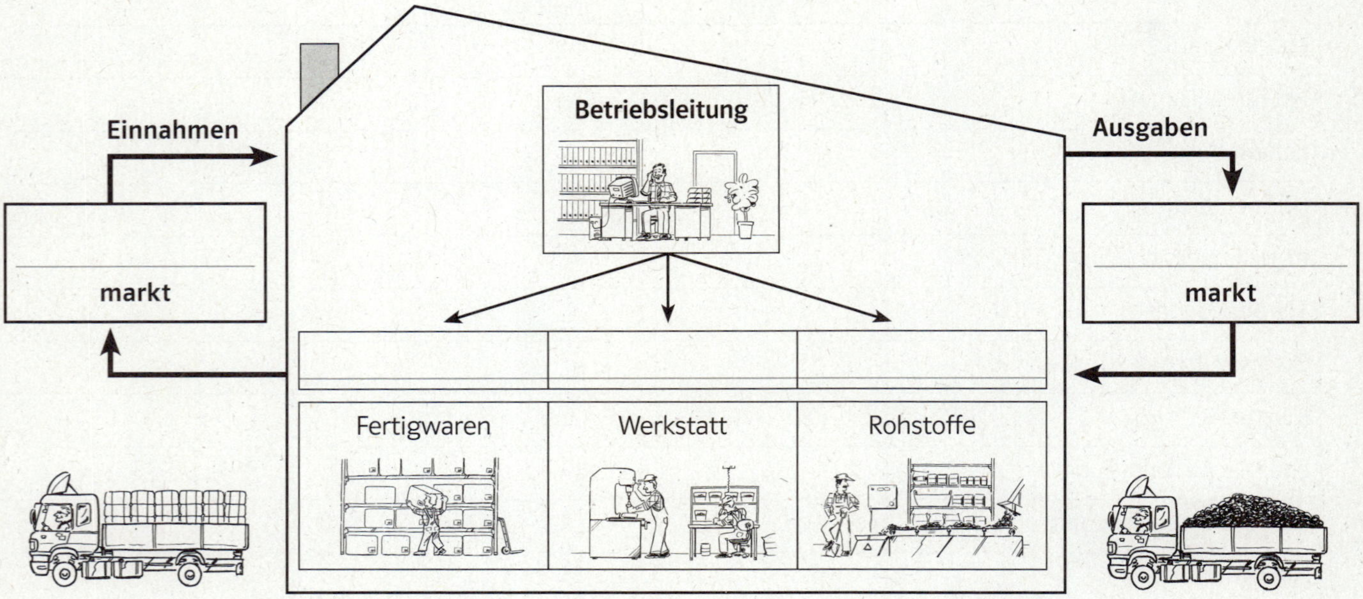

z. B. ______________

____

____

z. B. ______________

____

____

2. Ordnen Sie die einzelnen Vorgänge der jeweiligen betrieblichen Aufgabe zu.

Vorgänge	Beschaffung	Produktion	Absatz
Rohstoffe werden bestellt.			
Ein Facharbeiter wird eingestellt.			
Belieferung eines Kunden mit Waren			
Ein Bankkredit wird aufgenommen.			
Ein Fertigungsautomat wird neu programmiert.			
Werbeanzeigen in Tageszeitungen werden aufgegeben.			
Ein Facharbeiter montiert Teile zusammen.			
Ein Bandmeister prüft die Qualität der Erzeugnisse.			
Die Stromrechnung wird bezahlt.			
Ein Marktforschungsinstitut wird beauftragt.			

Produktionsfaktoren

1. Ergänzen Sie die Übersicht über die **betriebswirtschaftlichen Produktionsfaktoren.**

Betriebswirtschaftliche Produktionsfaktoren

____________	____________	____________
• Gebäude • Maschinen • Werkzeuge • Betriebsausstattung	• Rohstoffe • Hilfsstoffe • Betriebsstoffe • bezogene Fertigteile	• körperliche • geistige • gelernte • ungelernte

2. Weshalb wird die **leitende Arbeit (Management)** als eigener Produktionsfaktor betrachtet?

____

____

____

3. Die Wohnland AG ist eine größere Möbelfabrik. Ordnen Sie die folgenden Beispiele aus dem Bereich der Wohnland AG den entsprechenden betriebswirtschaftlichen Produktionsfaktoren zu.

	Betriebsmittel	**Werkstoffe**				**Arbeit**
		Rohstoffe	Hilfsstoffe	Betriebsstoffe	bezogene Fertigteile	
Lack						
Kreissäge						
Strom für Maschinen						
Produktionshalle						
Holzbretter						
Elektrohobel						
Türscharniere						
Holzleim						
Schreinergeselle						
Schmieröl für Maschinen						
Betriebshelfer						
Spanplatten						
Barfachbeleuchtung						

4. Welche Aussage über die **Substitution der Produktionsfaktoren** (Austauschbarkeit) stimmt? Kreuzen Sie an.

☐ Der Anteil der einzelnen Produktionsfaktoren am Produktionsprozess kann nicht verändert werden.

☐ Die Kosten der einzelnen Produktionsfaktoren ändern sich ständig, z. B. weil Löhne oder Maschinenpreise steigen. Deshalb müssen die Anteile der einzelnen Produktionsfaktoren laufend dieser Entwicklung angepasst werden. Dies führt z. B. dazu, dass ein Fließbandarbeiter durch einen kostengünstigeren Fertigungsroboter ersetzt wird.

1. Die Aufbauorganisation regelt die Zuständigkeiten im Betrieb. Einzelne Abteilungen und Stellen werden festgelegt, denen bestimmte Aufgabenbereiche zugeordnet sind, die sie bearbeiten sollen. Ergänzen Sie die Übersicht über die zwei **Grundformen der Aufbauorganisation.**

Aufbauorganisation

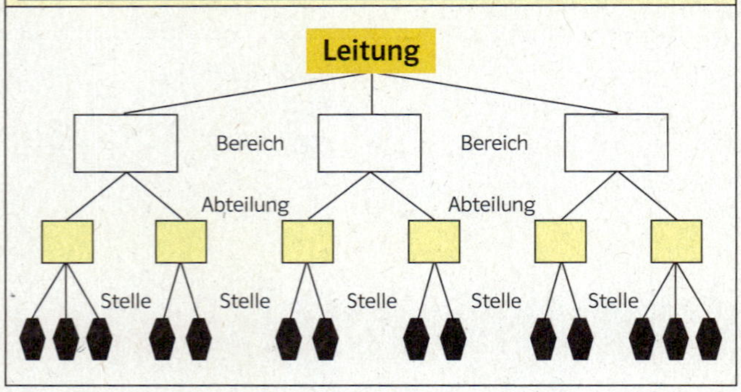

Jeder Stelleninhaber ____________________

____

____

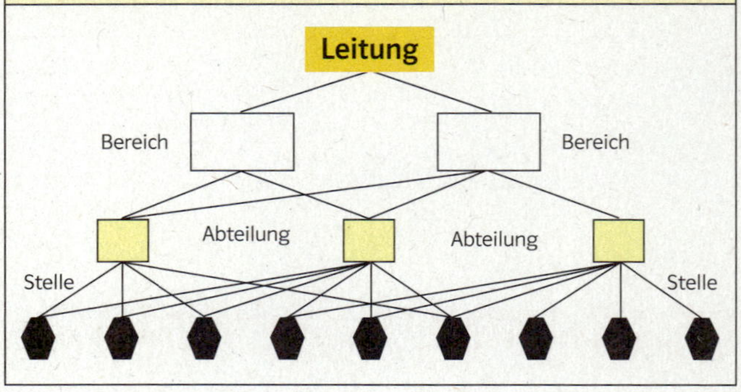

Jeder einzelne Beschäftigte ____________________

____

____

2. Zeigen Sie am Beispiel eines Lagerarbeiters, wie beim Funktionensystem verschiedene übergeordnete Instanzen Anweisungen erteilen können.

____

____

____

____

3. Ordnen Sie dem Liniensystem (L) und dem Funktionensystem (F) den jeweils zutreffenden Vorteil bzw. Nachteil zu, indem Sie den richtigen Buchstaben eintragen.

____	Einfacher und problemloser Überblick über den Weisungsweg mit klaren Zuständigkeiten, da der Entscheidungsbereich klar festgelegt ist.
____	Durch die kurzen Wege kann rascher entschieden werden; der lange Instanzenweg wird umgangen.
____	Der starre Instanzenweg kann zu verlangsamten Entscheidungsprozessen führen, vor allem dann, wenn auf der Firmenleitung zuviel Verantwortung und Arbeit lastet.
____	Bei der Kompetenzabgrenzung können Unklarheiten zu Meinungsverschiedenheiten der einzelnen Instanzen führen. Die ausführenden Stellen können dadurch verunsichert werden. Beispiel: Ein Arbeitnehmer erhält von verschiedenen Abteilungen entgegengesetzte Anweisungen. Er weiß dann nicht, welche er zu befolgen hat.

4. Welche Ziele verfolgt die **Ablauforganisation?**

____

____

____

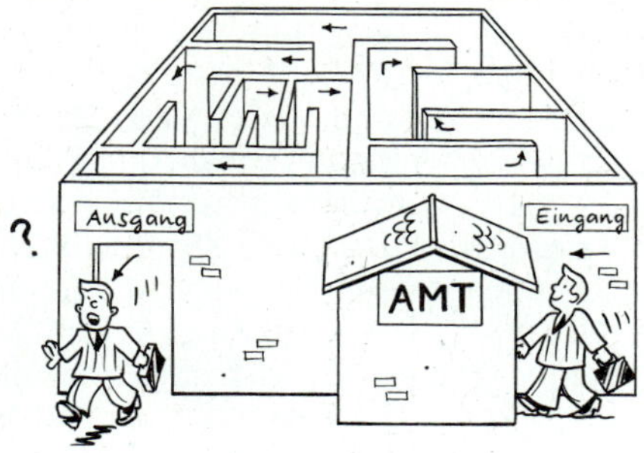

Gründungshilfen und Anmeldung

1. Armin Wolf will sich selbstständig machen und ein eigenes Fleischergeschäft eröffnen. Welche **Voraussetzungen** muss er hierzu erfüllen?

____

____

2. a) Grundlage jeder erfolgreichen Existenzgründung ist die richtige Beratung. Zwar bieten berufsständische Organisationen wie Handwerkskammern und Innungen kostenlose Beratungen, in den meisten Fällen jedoch sind weitergehende Beratungen erforderlich. Ergänzen Sie die Übersicht.

Beratung bieten:	**Beratungsbereiche:**
______________	→ bei Finanzierungsfragen
______________	→ bei Steuerfragen, Buchhaltung
______________	→ bei Marktanalysen, Unternehmensplanung, Finanzierungsfragen
______________	→ beim Erstellen von Verträgen

3. Um die Existenzgründung zu erleichtern, gibt es öffentliche Förderprogramme wie **Eigenkapitalhilfe-Darlehen** und **Existenzhilfe-Darlehen.** Welche Vorteile bieten diese Darlehen für einen Existenzgründer?

____

4. Wo muss das neu gegründete Unternehmen u. a. angemeldet werden?

§ Meldepflicht §

→ ______________
→ ______________
→ ______________
→ ______________
→ ______________
→ ______________

Standort

5. Welche Faktoren beeinflussen die Wahl des Standortes? Vervollständigen Sie die Übersicht.

Die **Standortwahl** ist ein ______________

← ______________
← ______________
← ______________
← ______________
← ______________
← ______________

6. Von entscheidender Bedeutung für die Zukunft eines Unternehmens ist die Wahl des richtigen Standortes. Nach intensiver Suche hat Armin Wolf zwei mögliche Standorte gefunden. Um die richtige Entscheidung zu treffen, hat er sich den nachfolgenden Bewertungsbogen besorgt. Ermitteln Sie mit dessen Hilfe den optimalen Standort.

Standort 1
ist 15 km von Stuttgart entfernt und hat ca. 13 000 Einwohner. Im Ort gibt es bereits 6 Fleischereien sowie drei große Supermärkte, die über das gesamte Stadtgebiet verteilt sind. Die Bevölkerungszahl geht seit einigen Jahren etwas zurück, da die Gemeinde in der Einflugschneise des Stuttgarter Flughafens liegt. Die Räume befinden sich in der neu gestalteten Fußgängerzone im Stadtkern. Ein öffentlicher Parkplatz ist ca. 200 m entfernt. Die Pacht beträgt 1625 € monatlich, die Gewerbesteuer ist erheblich niedriger als bei den anderen Standorten. Es bestehen baurechtliche und umweltbedingte Einschränkungen, d. h. Betriebserweiterungen sind nur eingeschränkt möglich.

Standort 2
ist 25 km von Stuttgart entfernt und hat ca. 9000 Einwohner. Im Ort gibt es bereits 3 Fleischereien sowie einen mittleren Supermarkt. Wegen der neuen S-Bahnverbindung nach Stuttgart ist eine stetige Bevölkerungszunahme zu erwarten. Derzeit entsteht gerade ein neues Wohngebiet für rund 1200 Menschen. Die Geschäftsräume befinden sich in zentraler Lage, jedoch in einer ruhigen Nebenstraße, in der problemlos geparkt werden kann. Die Pacht beträgt 2160 €, die Gewerbesteuer ist erheblich höher als bei den anderen Standorten. Es bestehen keine baurechtlichen und umweltbedingten Einschränkungen, d. h. Betriebserweiterungen sind möglich.

Standortfaktoren		mögliche Höchstwerte	Standort 1	Standort 2
Kundennähe:	Gibt es genügend Kundschaft mit entsprechender Kaufkraft?	16		
Konkurrenz:	Wie viele Konkurrenten gibt es? Wie leistungsfähig und attraktiv sind sie?	10		
Kosten:	Wie hoch sind die Mieten, Steuern und Energiekosten?	17		
Verkehrsanbindung:	Können Kunden und Lieferanten den Standort problemlos erreichen? Sind genügend Parkplätze vorhanden?	10		
Arbeitskräfte:	Können vor Ort geeignete Mitarbeiter eingestellt werden? Wie ist das Lohnniveau?	2		
Behördliche Auflagen:	Bestehen Umwelt- und Bauvorschriften?	5		
Gesamtpunktzahl		60		

optimaler Standort ______________________________

Franchising

7. Ein Freund rät Armin Wolf doch ein Franchise-Unternehmen zu gründen, da dies viel einfacher sei. Erläutern Sie, was man unter **Franchising** versteht.

____

____

____

____

____

8. Welche Vorteile bietet der Franchise-Geber einem Existenzgründer?

____

____

____

____

____

1. Ergänzen Sie die Übersicht.

Organisationen des Handwerks

Handwerkskammer	**Innung**	______________
Mitglieder sind ______________	Mitglieder sind ______________	Mitglieder sind alle Innungen eines Kreises.
Die Mitgliedschaft ist ______________	Die Mitgliedschaft ist ______________	Die Mitgliedschaft ist ______________

2. Kreuzen Sie an, ob die folgenden **Aufgaben** von der Handwerkskammer oder einer Innung wahrgenommen werden.

Aufgaben	**Handwerks-kammer**	**Innung**
a) Führen der Lehrlingsrolle (Verzeichnis d. Berufsausbildungsverhältnisse)		
b) Abnahme der Gesellenprüfungen, sofern die Handwerkskammer dazu ermächtigt hat		
c) Einrichtung von Schiedsstellen, um Streitigkeiten zwischen Handwerkern und deren Kunden beizulegen		
d) Regelung und Überwachung des handwerklichen Ausbildungswesens		
e) Führen der Handwerksrolle (Verzeichnis aller selbstständigen Handwerker)		
f) Beratung der Mitglieder in rechtlichen, betriebswirtschaftlichen und technischen Fragen		
g) Abschluss von Tarifverträgen, sofern nicht übergeordnete Verbände zuständig sind		
h) Durchführung von Weiterbildungsmaßnahmen		
i) Regelung und Überwachung der Gesellen- und Meisterprüfung		

3. Ergänzen Sie den Lückentext um folgende Begriffe: *Bezirkes, Landesinnungsverband, Innungen, Zentralverband, Handwerkskammertag, Bundesinnungsverband, Fachverbände.*

Selbstständige Handwerker des gleichen Handwerks schließen sich freiwillig zusammen in ______________, um innerhalb eines ______________ gemeinsame Interessen zu fördern. Die fachlichen Interessen auf Landesebende vertritt der ______________, auf Bundesebene übernimmt diese Aufgabe der ______________ (Zentralfachverband). Alle deutschen Handwerkskammern sind zusammengeschlossen im Deutschen ______________. Das höchste Organ des Handwerks in Deutschland ist der ______________ des Deutschen Handwerks. Er wird gebildet aus dem Zusammenschluss des Deutschen Handwerkskammertages und der Bundesvereinigung der ______________.

1. Sie erinnern sich: Armin Wolf will sich nach bestandener Meisterprüfung selbstständig machen. In diesem Zusammenhang überlegt er, welche Unternehmensformen es gibt. Setzen Sie folgende Begriffe sinnvoll in das Schaubild ein: *Personengesellschaften, Einzelunternehmung, Unternehmungsformen, Genossenschaften, Offene Handelsgesellschaft, Aktiengesellschaft, Kommanditgesellschaft, Gesellschaft mit beschränkter Haftung, Gesellschaftsunternehmungen, Gesellschaft des bürgerlichen Rechts.*

____________	Kapitalgesellschaften	____________

2. Ergänzen Sie die Übersicht durch folgende Begriffe:
Gewinn, haftet, Steuern, Kapital, Geschäftsführung, gehaftet, Kreditwürdigkeit

Die **Rechtsform** hat Einfluss darauf,

- wer berechtigt ist zur ____________
- welche ____________ zu zahlen sind.
- wer für die Schulden des Unternehmens ____________
- wie groß die ____________ ist.
- in welchem Umfang für die Schulden ____________ wird.
- wer das ____________ aufbringt.
- wem der erzielte ____________ zusteht.

3. Wie werden die folgenden Unternehmungsformen abgekürzt?

Offene Handelsgesellschaft	Kommanditgesellschaft	Aktiengesellschaft	Gesellschaft mit beschränkter Haftung	eingetragne Genossenschaft	Gesellschaft des bürgerlichen Rechts
↓	↓	↓	↓	↓	↓
____	____	____	____	____	____

Einzelunternehmung

4. Armin Wolf hat sich über die Einzelunternehmung informiert. Ergänzen Sie die Übersicht über deren Merkmale.

Geschäftsführung und Vertretung

Einzelunternehmung

Haftung

Firmenname

Gewinn

5. Zählen Sie in Stichworten die Vorteile und Nachteile dieser Unternehmensform auf.

Vorteile der Einzelunternehmung	Nachteile der Einzelunternehmung

6. Welche Gründe könnten einen Einzelunternehmer veranlassen, sein Unternehmen in ein Gesellschaftsunternehmen umzuwandeln?

Gesellschaft des bürgerlichen Rechts

7. Armin Wolf hat sich endgültig entschieden, sein Unternehmen zusammen mit Martina Bayer zu gründen. Ergänzen Sie die Übersicht über die **Merkmale der Gesellschaft des bürgerlichen Rechts.**

Geschäftsführung und Vertretung

Gesellschaft des bürgerlichen Rechts

Haftung

Firmenname

Gewinn

8. In einer Fachzeitung stößt Martina Bayer auf die Anzeige eines Kollegen, der sich zur Ruhe setzen und seinen Betrieb auflösen möchte. Martina reagiert sofort und kauft sämtliche Maschinen für die GbR. Bindet der von Martina Bayer geschlossene Kaufvertrag auch ihren Mitgesellschafter Armin Wolf?

____

____

____

Offene Handelsgesellschaft (OHG)

9. Die Firma von Armin Wolf und Martina Bayer kommt sehr gut bei den Kunden an. Der Umsatz steigt, die Belegschaft nimmt zu. Martina und Armin wollen ihre Firma deshalb ins Handelsregister eintragen lassen. Da dies bei einer GbR nicht möglich ist, haben sie sich für eine OHG entschlossen. Ergänzen Sie die Übersicht über die **Merkmale der OHG.**

Offene Handelsgesellschaft (OHG)

Geschäftsführung und Vertretung

____

____

____

Haftung

____

____

____

____

Firmenname

____

____

____

____

Gewinn

____

____

____

____

Kommanditgesellschaft (KG)

10. Die **Offene Handelsgesellschaft (OHG)** und die **Kommanditgesellschaft (KG)** sind sich sehr ähnlich.
Der Hauptunterschied besteht darin, dass es bei der KG zwei verschiedene Arten von Gesellschaftern gibt: den Kommanditisten und den Komplementär. Ergänzen Sie die Übersicht anhand der vorgegebenen Merkmale.

Gesellschafter der KG

Kommanditist (= ________ hafter)		**Komplementär** (= ________ hafter)
	Haftung	
	Geschäftsführung und Vertretung	

Gesellschaft mit beschränkter Haftung (GmbH)

11. Vor einigen Jahren wurde die Fleischerei Wolf & Bayer OHG in eine GmbH umgewandelt.

a) Welche Gründe könnten für die Wahl der GmbH als Rechtsform ausschlaggebend gewesen sein?

____

____

b) In welcher Form musste der Gesellschaftsvertrag abgeschlossen werden?

____

12. Ergänzen Sie die Übersicht über die weiteren **Merkmale der GmbH.**

Die Gesellschaft mit beschränkter Haftung (GmbH)

- Anzahl der **Gründer:** → ______
- Bezeichnung und Höhe des **Mindestkapitals** der Unternehmung: → ______
- Bezeichnung und Mindesthöhe der **Geschäftsanteile:** → ______
- **Haftung** der Gesellschafter: → ______
- **Firmenname:** → ______
- **natürliche** oder **juristische Person?** → ______
- **Geschäftsführung** und **Vertretung** → ______

Aktiengesellschaft (AG)

13. Mit großem Erfolg produziert die Süddeutsche Fleischwaren AG ihre neueste Erfindung: die Picknick-Dose (siehe Abbildung). Ursprünglich war die Süddeutsche Fleischwaren AG die Fleischerei Wolf & Bayer GmbH. Seit der Produktion der Picknick-Dose ist das Unternehmen eine AG.

Welcher Grund könnte für die Wahl der AG als Rechtsform ausschlaggebend gewesen sein?

____

____

14. Die Umwandlung in die Süddeutsche Fleischwaren AG hat den Aufbau der Unternehmung verändert. Vervollständigen Sie die Übersicht über die **Organe der AG.**

leitendes Organ ____________

bestellt

überwachendes Organ ____________ ← wählen 1/3 bzw. 1/2 ____________

wählt

beschließendes Organ ____________ (Zusammenkunft der Anteilseigner)

15. Ergänzen Sie die Übersicht über die weiteren **Merkmale der AG.**

Die Aktiengesellschaft (AG)

- Anzahl der **Gründer:** ____________
- Bezeichnung und Höhe des **Mindestkapitals** der Unternehmung: ____________
- Bezeichnung und Mindesthöhe der **Geschäftsanteile:** ____________
- Bezeichnung der **Gesellschafter:** ____________
- **Haftung** der Gesellschafter: ____________
- **natürliche** oder **juristische Person?** ____________

16. Nebenstehend sehen Sie einen Auszug aus den **Aktienkursen,** wie sie in den Tageszeitungen veröffentlicht werden. Tragen Sie ein, welchen Kurswert die angegebenen Aktien am 19.04.2007 hatten.

Frankfurt	Div. 2006	Euro 19.04.07	Euro 18.04.07
Adidas-Salomon	0,33	44,17	44,40
Allianz	2,00	161,38	163,65
Altana	1,10	50,90	50,48
BASF AG	2,00	87,90	89,39
Bayer	0,95	48,80	49,06
BMW St.-A.	0,64	43,14	43,37
Commerzbank	0,50	34,74	35,19
Continental	1,00	99,99	101,30
Daimler-Chrysler N. A.	1,50	59,10	60,40
Deutsche Bank N. A.	2,50	107,77	109,12

BASF ____________ €

Deutsche Bank ____________ €

Erklären Sie in diesem Zusammenhang die Begriffe **Nennwert** und **Kurswert.**

Nennwert ____________

Kurswert ____________

17. Nennen Sie die zwei wichtigsten **Rechte des Aktionärs,** die er aus seiner Aktie beanspruchen kann.

1. ____________

2 ____________

1. Sie erinnern sich: Armin Wolf und Martina Bayer haben zusammen eine Fleischerei gegründet. Welche Fehler sollten bei der Finanzierung eines Unternehmens vermieden werden?

2. Um den Kapitalbedarf eines Unternehmens zu finanzieren, gibt es verschiedene Möglichkeiten. Nennen Sie diese.

Finanzierungsmöglichkeit

3. Finanzierungsgrundsätze:

a) Wie sollte das Anlagevermögen (Gebäude, Maschinen usw.) finanziert werden?

b) Weshalb sollte die Laufzeit eines Darlehens (Fremdkapitalaufnahme) die Nutzungsdauer der damit finanzierten Maschinen nicht übersteigen?

c) Begründen Sie folgenden Finanzierungsgrundsatz: Je mehr Eigenkapital, desto sicherer. Deshalb sollte das Eigenkapital nicht unter 20 % liegen.

4. Unterscheiden Sie die folgenden Darlehensarten:

Kontokorrentkredit:	**Bankdarlehen:**

5. Voraussetzung für ein Darlehen sind ausreichende Sicherheiten. Welche Kreditsicherheiten liegen jeweils vor?

Die Maschinen der Fleischerei Wolf wurden mit einem Darlehen finanziert. Die Geräte stehen zwar in der Fleischerei, aber bis zur vollständigen Tilgung des Kredits gehören sie der Bank.	Als Sicherheit für den gewährten Kredit, verwendet die Bank die Eigentumswohnung von Armin Wolf.	Damit Armin Wolf ein Bankkredit zur Existenzgründung eingeräumt wird, verpflichten sich seine Eltern, notfalls die ausstehenden Raten zu übernehmen.
↓ ______________	↓ ______________	↓ ______________

6. Viele Unternehmen finanzieren einen Teil ihrer Investitionen durch **Leasing.** Zählen Sie Investitionsgüter auf, die geleast werden können.

____

____

7. Erläutern Sie, was man unter Leasing versteht.

____

____

____

____

8. Welche Vorteile haben Sie bei der Finanzierung durch Leasing?

Vorteile des Leasing

Fixe und variable Kosten – Einzelkosten und Gemeinkosten

1. Geben Sie an, ob fixe oder ob variable Kosten vorliegen.

__________ **Kosten** sind unabhängig vom Produktionsumfang, z. B. Mieten, Zinsen, Steuern, Abschreibungen.

__________ **Kosten** verändern sich entsprechend dem Produktionsumfang, z. B. Fertigungslöhne, Materialverbrauch.

2. Tragen Sie in die beiden Zeichnungen die entsprechende Kostenart ein.

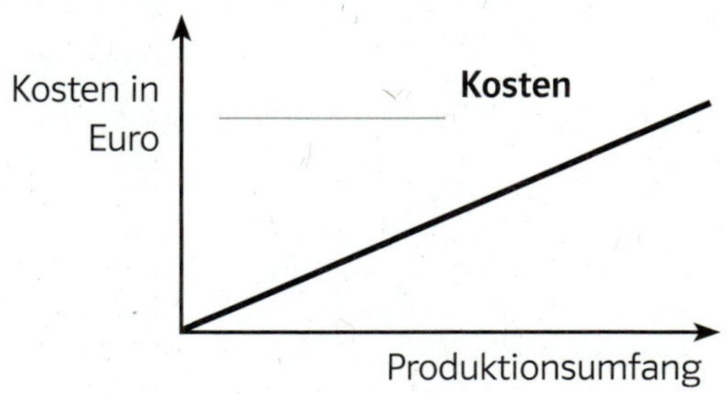

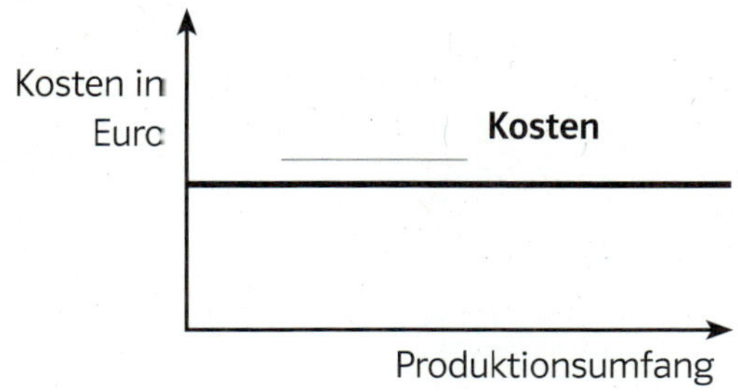

3. In einer Unternehmung fallen jeden Monat 24 000 € fixe Kosten an. Die variablen Kosten je produziertem Stück betragen 2 €. Ermitteln Sie, wie sich die Stückkosten bei verschiedenen Produktionsmengen entwickeln.

Produktionsmenge	Fixe Kosten je Monat	variable Kosten	Gesamtkosten	Stückkosten
0		–		–
1000				
2000				
3000				
4000				

Ergebnis: Je höher die Produktionsmenge, je geringer wird der Anteil der __________ Kosten an den __________, je mehr sinken die Stückkosten, je niedriger wird der __________. Diesen Zusammenhang nennt man das Gesetz der industriellen __________.

4. Tragen Sie ein, ob Einzel- oder Gemeinkosten vorliegen. Geben Sie zusätzlich jeweils 2 Beispiele an.

____

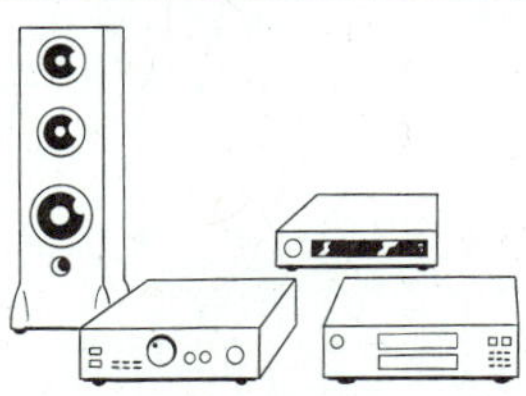

können einem Erzeugnis nicht direkt zugeordnet werden, da sie auch für andere Produkte anfallen.

z. B. __________

____

lassen sich dem einzelnen Erzeugnis direkt zuordnen.

z. B. __________

5. Die Herstellung von 6 000 Spielzeugautos verursachte folgende Kosten: Fertigungsmaterial 6 800 €, Stromkosten für Maschinen 200 €, Gehälter der Verwaltung 10 000 €, Fertigungslöhne 15 000 €, Miete für Werkräume 1 000 €, Abschreibungen 4 000 €, Zinsen für einen Kredit 2 000 €.

a) Teilen Sie die angegebenen Kostenarten in Einzel- und Gemeinkosten ein.
b) Wie hoch sind die fixen, wie hoch sind die variablen Kosten?
c) Ermitteln Sie die Stückkosten für ein Auto.

a) Einzelkosten: ____________

Gemeinkosten: ____________

b) ____________

c) ____________

Kalkulation der Selbstkosten

6. a) Wie werden bei einer **vereinfachten Zuschlagskalkulation** die Selbstkosten ermittelt?

Fertigungsmaterial
+ ____________
+ ____________
= ____________

b) Ein Schreiner kalkuliert für einen Auftrag: Materialkosten 160 €, Lohn Meister 8 Std. je 30 €; Lohn Geselle 16 Std. je 21,50 €; Lohn Auszubildender 6 Std. je 8,80 €, Gemeinkosten 155 % der Lohnkosten. Ermitteln Sie die Selbstkosten.

____
+ ____________
____
____
+ ____________
= ____________

Wirtschaftliche Kennziffern

Herr Kümmerle hat seinen Betrieb vor einem Jahr vergrößert und außerdem verschiedene Rationalisierungsmaßnahmen durchgeführt. Um zu überprüfen, ob seine Entscheidung richtig war, hat er verschiedene Zahlen aus seiner Buchhaltung entnommen. Diese setzt er nun zueinander ins Verhältnis, d. h. er ermittelt **wirtschaftliche Kennziffern.**

Die Produktivität

Aufgrund seiner Rationalisierungsmaßnahmen rechnet Herr Kümmerle mit einer höheren Produktivität, d. h., er erwartet, dass die ***mengenmäßige Ergiebigkeit*** seiner Firma zugenommen hat. Ermitteln Sie, wie sich die Produktivität der Firma Kümmerle verändert hat.

Produktivität = ____________

	1. Jahr (= vor der Investition)	**2. Jahr** (= nach der Investition)
erzeugte Menge	288 600 Stück	368 900 Stück
Arbeitsstunden	96 200 Std.	105 400 Std.
Produktivität =	____________ = ______	____________ = ______

Ergebnis: Die Rationalisierungsmaßnahmen waren ____________, die Produktivität ist ____________.

Die Wirtschaftlichkeit

Herr Kümmerle weiß nun, dass die Produktivität gestiegen ist. Allerdings hat er noch keinen Überblick darüber, ob dieser Zuwachs auch einen wirtschaftlichen Erfolg darstellt. Ermitteln Sie, wie sich die Wirtschaftlichkeit der Firma verändert hat.

Wirtschaftlichkeit = ____________

	1. Jahr (= vor der Investition)	**2. Jahr** (= nach der Investition)
Verkaufserlöse	7 936 500 €	10 144 750 €
Kosten	7 690 180 €	9 205 762 €
Wirtschaftlichkeit =	____________ = ______	____________ = ______

Ergebnis: Die Rationalisierungsmaßnahmen waren ____________, die Wirtschaftlichkeit hat ____________.

Die Rentabilität

Abschließend möchte Herr Kümmerle wissen, ob es überhaupt sinnvoll war, weiteres Geld in sein Unternehmen zu stecken oder ob er es besser anderweitig investiert hätte. Um zu erfahren, ob der Gewinn ausreicht, sein eingesetztes Kapital angemessen zu verzinsen, ermittelt er die Rentabilität. Berechnen Sie die Entwicklung der Rentabilität, und vergleichen Sie das Ergebnis mit einem Angebot von Herrn Kümmerles Bank, die das Geld zu 8,75 % angelegt hätte.

Rentabilität (Eigenkapitalrentabilität) $= \frac{\text{Gewinn} \times 100\,\%}{\text{Eigenkapital}}$

	1. Jahr (= vor der Investition)	**2. Jahr** (= nach der Investition)
Gewinn	246 320 €	938 988 €
Eigenkapital	3 079 000 €	6 829 000 €
Rentabilität =	____________ = ______	____________ = ______

Ergebnis: Die Investition war ____________, die Rentabilität ____________.

1. Nennen Sie wichtige Marketinginstrumente.

Marktforschung

> **75 € für einen Vormittag!**
>
> Bekanntes Marktforschungsinstitut sucht Hausfrauen zwischen 18 und 45 Jahren, die Lust haben, neue Produkte zu testen. T.: [redacted]

2. Womit beschäftigt sich die Marktforschung?

»Stell dich nicht so an. Als du's in der Fernsehwerbung gesehen hast, warst du ganz wild darauf.« © BULLS

Werbung

3. Welche Aufgaben hat die Werbung?

Kundenbetreuung

4. Begründen Sie, weshalb gerade im Handwerk die Kundenberatung und Kundenbetreuung besonders erfolgsversprechende Marketingmaßnahmen sind.

--- DER ALLERLETZTE ---

»Wenn Sie die Gebrauchsanweisung gelesen hätten, hätten Sie gesehen, dass da ein Schalter für Trocknen und einer für Styling ist.« © Bulls

Preisgestaltung

5. Überlegen Sie, weshalb gerade für ein neu gegründetes Unternehmen die Preisgestaltung besonders schwierig ist.

Ökomarketing

6. Erläutern Sie, weshalb aktiver Umweltschutz zunehmend als Marketingmittel eingesetzt wird.

Qualitätssicherung

7. Begründen Sie die nebenstehende Aussagen, indem Sie das Schaubild über die Notwendigkeit von Qualitätskontrollen ergänzen.

Weshalb **Qualitätskontrollen?**

8. Wie versuchen viele Unternehmen ihre Qualitätssicherungsmaßnahmen zusätzlich zu verwerten?

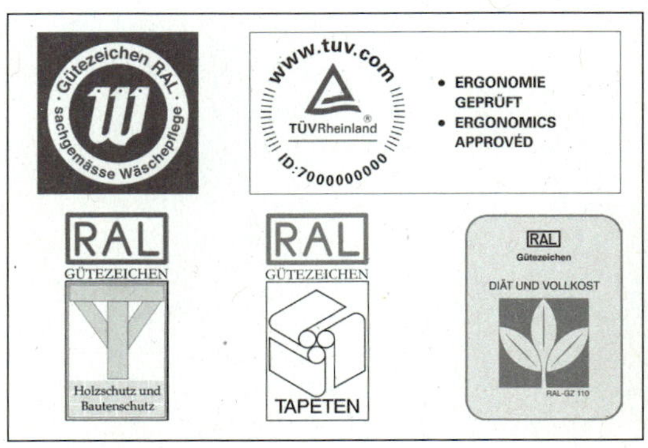

Cover: Corbis (Guntmar Fritz/zefa), Düsseldorf

S. 11 oben: Bildagentur Waldhäusl, Waidhofen/Ybbs, unten: Mediacolor's (dia), Zürich
S. 13 links: Picture-Alliance (dpa/Werner Schilling), Frankfurt, rechts: Ford-Werke AG, Köln
S. 14: CCC,www.c5.net (Bernd Eisert), Pfaffenhofen a.d. Ilm
S. 15: BC GmbH Verlags- und Medien-, Forschungs- und Beratungsgesellschaft, Wiesbaden
S. 16: ullstein bild (AP), Berlin
S. 19: URW, Hamburg
S. 21: www.c5.net/Haitzinger
S. 40 (2): RAL Deutsches Institut für Gütesicherung und Kennzeichnung e.V., Sankt Augustin; **S. 40 (1):** Hauptverband der gewerblichen Berufsgenossenschaften, Sankt Augustin
S. 41: Stiftung Warentest, Berlin
S. 43: Haus der Geschichte (Jupp Wolter), Bonn
S. 44: Presse- u. Informationsamt der Bundesregierung, Berlin
S. 47: Klett-Archiv, Stuttgart
S. 49: Europäische Zentralbank, Frankfurt
S. 50: Corbis (LWA-Dann Tardif), Düsseldorf
S. 53: ullstein bild (Grabowsky), Berlin
S. 54,1: Freelens Media GmbH (Jan Potente), Hamburg, **54,2:** vario images (Ulrich Baumgarten), Bonn, **54,3:** easycash GmbH, Ratingen, **54,4:** MasterCard Europe, Frankfurt am Main, **54,5:** EURO Kartensysteme GmbH, Frankfurt am Main, **54,7:** Visa Europe Services Inc., Frankfurt am Main, **54,8:** MasterCard Worldwide, Frankfurt/Main, **54,9:** vario images (Tetra Images), Bonn
S. 57: AKG, Berlin
S. 60: Europäische Zentralbank, Frankfurt
S. 62 oben: Picture-Alliance (dpa/DB), Frankfurt, **unten:** Action Press (Ralf Jürgens), Hamburg
S. 64 links: MEV, Augsburg, rechts: Presse- u. Informationsamt der Bundesregierung, Berlin
S. 65: MEV, Augsburg
S. 69: URW, Hamburg
S. 76: AURA (Emanuel Ammon), Luzern
S. 77: Klett-Archiv (Katrin Schäflein), Stuttgart
S. 89 links: www.bilderbox.com, Thening, **Mitte:** Picture-Alliance, Frankfurt, **rechts:** Klett-Archiv (Hans-Werner Thunig), Stuttgart
S. 101: Klett-Archiv, nach Globus Grafik 1861
S. 102,1: Mauritius, Mittenwald, **102,2:** Helga Lade, Frankfurt, **102,3:** Klett-Archiv (Hans-Werner Thunig), Stuttgart
S. 108 oben: Thomas Süssmilch, Holzmaden, **unten:** CCC,www.c5.net (Löffler), Pfaffenhofen a.d. Ilm
S. 111: Landeshauptstadt Stuttgart
S. 113: Erich Schmidt Verlag, Berlin
S. 114 links: Caro Fotoagentur (Sorge), Berlin, **rechts:** Klett-Archiv (Hans-Werner Thunig), Stuttgart
S. 115: BVR, Berlin
S. 122: Villeroy & Boch, Mettlach; Fressnapf Tiernahrungs GmbH, Krefeld; McDonald's, München; Joey's Pizza Service GmbH, Hamburg; Sunpoint, Pulheim; Cosy-Wasch Autoservice Betriebe GmbH, Berlin; BabyOne, Münster; Obi, Wermelskirchen; Ihr Platz GmbH + Co. KG, Osnabrück
S. 134 beide: Bulls Press (Jim Unger), Frankfurt
S. 135 (6): RAL Deutsches Institut für Gütesicherung und Kennzeichnung e.V., Sankt Augustin; FIAN-Deutschland e.V., Köln; Der Grüne Punkt. Duales System Deutschland GmbH, Köln; Naturland Zeichen GmbH, Gräfelfing; TÜV Rheinland Product Safety GmbH, Köln

Nicht in allen Fällen war es uns möglich, den Rechteinhaber der Abbildungen ausfindig zu machen.
Berechtigte Ansprüche werden selbstverständlich im Rahmen der üblichen Vereinbarungen abgegolten.